**R 20744**

Paris
1796

**Delisle de Sales, Jean-Baptiste Claude Izouard (ou Isoard de Lisle) dit**

*De la philosophie du bonheur, ouvrage recueilli et publié par l'auteur de la "Philosophie de la nature"*

Tome 2

# DE LA
# PHILOSOPHIE
## DU
# BONHEUR

*Ouvrage*

Recueilli et Publié par l'Auteur

de la

*Philosophie*

*de la Nature.*

## TOME II.

*A PARIS*

1796

# LA PHILOSOPHIE DU BONHEUR.

### INTRODUCTION DE L'ÉDITEUR.

PLATON ouvrait ce Volume par une Dédicace A LA PATRIE LIBRE, LORSQU'ELLE DEVIENDRA HEUREUSE. Je n'ai pas cru devoir publier cette partie du Manuscrit, qui pourrait être taxée d'adulation, par les Critiques qui ne lisent pas, et sur tout, d'ironie amère, par ceux qui lisent mal. D'ailleurs, malgré la Régénération Thermidorienne, nous sommes encore dans l'effervescence des passions nationales. Il est des mots sacrés qu'il y aurait du péril, même, à prononcer; et cette Patrie, que Platon et moi nous portons dans nos cœurs, semble encore l'Arche d'Israël, qu'on ne pouvait ni renverser, ni soutenir, sans craindre d'être frappé de mort.

# SECONDE PORTE OUVERTE

## AU BONHEUR.

### L'ENTENDEMENT.

Enfin, j'ai terminé la partie la plus orageuse de ma vie : ma Thessalienne a quitté le devant de la scène, et ne se montre plus que dans le lointain de la perspective : mes Sens sont calmes, et je puis, abandonnant le délire voluptueux de l'Amour, chercher un bonheur plus pur dans les jouissances de l'Entendement.

Disparaissez, fantômes brillans de la volupté, qui avez couvert d'illusions le printems de ma vie : ma tête s'est mûrie par l'expérience des Hommes et des choses; je craindrai désormais d'associer à ma félicité des Êtres légers et frivoles, qui en empoisonneraient le germe. Pour me rapprocher de l'Intelligence céleste, dont la mienne émane, tentons de jouir seul, osons ne savourer que les plaisirs intellectuels avoués par ma raison.

Éponine, dont j'ai créé l'Entendement, devenu depuis supérieur au mien, c'est à toi que j'adresse la théorie sévère dont je vais indiquer les élémens. Tu n'auras plus à rougir de mes longues erreurs : ma plume sera chaste comme ta pensée ; et du haut des régions intellectuelles, où je vais planer un moment, je ne verrai les explosions des Sens, que comme de la cime d'un mont supérieur aux Nues, on voit la Mer des tempêtes, et la région des naufrages. —

L'Homme n'a pas une pente si rapide vers le bonheur, pour ne jouir que par la Vue, l'Ouie, le Goût, l'Odorat, le Toucher, et même par le sixième organe, si supérieur aux autres, que dans la langue philosophique, on appelle l'Amour. S'il ne tenait à la félicité que par ces Sens externes, il aurait tort de se placer à la tête de l'échelle des Êtres sensibles ; il ne songerait pas, dans ses rêveries orgueilleuses, à détrôner l'Ordonnateur des Mondes, pour se dire le Roi de la Nature.

Nous avons, outre ces attributs vulgaires de l'animalité, des Sens internes qui perfectionnent notre Être, donnent une nouvelle élasticité à nos organes extérieurs, et multiplient ainsi, pour nous, les plaisirs de l'existence.

Quand on ne veut, ni adopter les définitions du Peuple, ni consacrer ses préjugés, on réduit les Sens internes, dont l'Entendement humain s'appuie, pour s'élever au bonheur, à la Mémoire, à l'Imagination et à la Raison.

## LA MÉMOIRE.

Pour peu que mon Éponine réfléchisse sur le méchanisme de la sensibilité, dont je lui ai fait part, elle s'appercevra que les fibres, agitées souvent par les mêmes objets, contractent l'habitude de se mouvoir dans le même ordre : si une cause étrangère vient, dans la suite, ébranler une seule de ces fibres exercées, tout le faisceau nerveux qui lui répond, éprouve ses anciennes vibrations, et les idées se reproduisent dans l'Entendement.

Il suit, de cette théorie, qu'il n'y a rien de plus factice que ce Sens interne ; aussi Locke, notre Grand Maître dans l'art de définir, le compare-t-il à une table d'airain remplie de caractères, que le tems efface insensiblement, si l'on n'y repasse quelquefois le burin.

Les faits viennent ici à l'appui des spéculations philosophiques. Montaigne avait reçu de la Nature une Mémoire infiniment faible : cependant, quel prodigieux magasin d'idées et de faits ce Philosophe n'avait-il pas formé dans sa tête ? Ses *Essais* sur l'Homme ne prouvent-ils pas que son Sensorium était une espèce d'Encyclopédie ?

Si la vieillesse est le tombeau de l'intelligence et de la sensibilité, c'est principalement, parce que la Mémoire est alors dans la plus profonde léthargie : les idées s'effacent, les sensations s'affaiblissent ; on sent peu le présent, on perd la trace du passé, et on ne jette que des regards tremblans sur l'avenir. Cette éclipse de l'entendement est bien plus sensible encore dans l'Homme de génie que dans l'esprit vulgaire. Fontenelle, à l'âge de quatre-vingt-seize ans, ne se souvenait plus d'avoir composé, à soixante et dix, ses *Élémens de l'Infini* : Leibnitz, près de sa tombe, n'entendait plus sa *Théodicée*.

J'ai toujours imaginé que pour aller au bonheur, par l'avenue de l'Entendement, il fallait, d'abord, rendre sa Mémoire dépositaire d'une foule de pensées et de faits. On empêche alors l'ame de se consumer, par le poison lent de l'ennui : on s'assure un grand fonds de Philosophie pour l'âge mûr, et on recule sa vieillesse jusqu'aux portes du tombeau.

Rien ne contribue plus à la perfection de l'organe interne que j'analyse, que l'ordre avec lequel on enchaîne ses idées. C'est à cet ordre qu'on doit tous les prodiges de Mémoire dont l'Histoire fait mention. Sans lui, Bacon n'aurait pas trouvé l'Arbre généalogique des Sciences, cet Arbre, si nécessaire pour donner des points d'appui à la Mémoire du Philosophe.

On parvient, par la Mémoire des mots, à celle des faits, et par cette dernière, à celle des pensées.

La Mémoire des mots, considérée dans son isolement, est on ne peut plus futile. Il y a telle Science, qui ne consiste que dans un tissu de mots techniques, imaginés par l'ignorance, et rassemblés péniblement par le demi-savoir. Jamais Éponine, à qui il faut des alimens plus substantiels, pour goûter le bonheur, ne cultivera cette espèce de Mémoire.

La Mémoire des faits est d'une toute autre importance, parce qu'elle rend l'Homme contemporain de tous les âges, et Citoyen de toutes les Patries. Ma Fille n'a rien à desirer du côté de ce trésor de l'Entendement. Elle est riche de toutes les lumières amassées par l'Histoire; elle a tous les élémens de la félicité, soit générale, soit individuelle, puisqu'elle sait par cœur Tacite et Plutarque.

Quand l'âge achevera de mûrir son intelligence, elle ajoutera à la Mémoire des faits, une autre plus utile encore au bonheur : c'est celle qui consiste à former dans sa tête une espèce de cabinet méthodique de pensées. Cette dernière Mémoire est la seule qui donne à l'esprit ce coup-d'œil géométrique, d'où dépend la sûreté de sa marche, et qui la met en correspondance avec tous les Êtres intelligens.

Les Sages, qui réunissent à un degré éminent la Mémoire des faits et celle des pensées, sont nés pour donner des leçons au genre humain. Comment n'éclaireraient-ils pas la Terre, puisque les lumières de tous les Êtres pensans semblent réunies dans le foyer de leur intelligence ? Cependant, il faudrait bien se garder de croire que la perfection de l'Entendement consiste dans l'étendue de la Mémoire; cette erreur, dérivée de la vanité des esprits vulgaires, qui, pour avoir le cerveau meublé de pensées étrangères, se mettent au niveau de l'Homme qui pense, est assez réfutée, en l'exposant.

L'Homme d'esprit, qui n'a que de la Mémoire, est l'Artiste subalterne qui va choisir, dans les carrières, le marbre de Carrare ou de Paros : l'Homme de génie est le Sculpteur qui fait respirer ce marbre, sous la forme de l'Hermaphrodite du Capitole, ou du tombeau de Richelieu.

Le Génie supplée à la Mémoire, mais la Mémoire ne supplée point au Génie. Quand il n'existerait point d'Histoire de Perse, Montesquieu aurait écrit les *Lettres Persanes*: mais Scaliger ou Puffendorff, avec tout le savoir des Bibliothèques, n'eussent pu faire un chapitre de l'*Esprit des Loix*.

Que conclure de cette théorie élémentaire? Que la Mémoire porte quelquefois les livrées du Génie, sans lui nuire, et sans le remplacer; qu'il faut la vanter moins, la connaître mieux, et sur-tout, la cultiver avec une espèce d'opiniâtreté philosophique, pour ne point perdre les droits qu'a tout Homme bien organisé, aux jouissances pures de l'Entendement.

### L'IMAGINATION.

Homère, où m'entraînes-tu? Car, c'est bien toi, Chantre harmonieux d'Ulysse et d'Achille. Je te reconnais à ce front vénérable, siège de la pensée, à ces rides sublimes, dont l'empreinte a défié les siècles, à cet aveuglement même, qui de ton organe, ne passa jamais à ton intelligence. Je sens encore mieux ta présence, aux palpitations de plaisir que j'éprouve, et que n'a jamais cessé de me procurer la lecture de tes Ouvrages immortels.

Me voici sous les remparts de cette Troye, dont les ruines mêmes ont disparu ; avec ces Héros, dont tu as rehaussé la taille, avec ces Rois, tantôt vaincus, tantôt vainqueurs, qui, sans ton génie, n'auraient jamais été à l'Apothéose. Ton grand Drame de *la Colère d'Achille* est vraiment l'Ouvrage de ta création, puisque ton Imagination brillante y a tout tiré du néant, et les Personnages qui vivifient la scène, et les Spectateurs pour qui elle est faite, et jusqu'aux Dieux, qui l'ont coordonnée. —

Ulysse ouvre la Galerie de Tableaux, que le premier des Peintres offre à mes regards.

Ce Héros, tout pensif, l'œil fixé vers la terre, tourmentait son génie fécond en artifices, pour réduire en cendres la Capitale de Priam : déjà même, il semblait préparer la Tactique terrible, avec laquelle seul, et sans armes, il détrônera un jour les Amans de Pénélope : mais au moment où il s'applaudit du succès futur de ses ruses sanglantes, une flèche, partie de la main d'Hector, va l'atteindre à la tête, et il tombe, sans connaissance, sur ce sol mobile, que sa politique cruelle vouait à tant de funérailles.

Ses Amis accourent : on le transporte mourant dans sa tente, et Machaon, ce Médecin renommé, que le délire de la reconnaissance faisait fils du Dieu Esculape, vient appliquer le Dictame sur sa blessure.

Quand j'ai été condamné à admirer la gloire meurtrière du Héros qui assassine les Hommes, j'aime à reposer ma pensée sur la renommée plus pure du Sage qui les guérit. Je laissai donc autour du lit du Héros d'Ithaque, les Atrides, Ajax, Diomède, tous demi-Dieux sur les champs de bataille, mais qui alors, hors de leur élément, ressemblaient à ces Statues aux regards éteints, qui pleurent sur les tombeaux, et je m'entretins à l'écart avec Machaon.

« Tu le vois, jeune Étranger, me disait
» le Fils d'Esculape; Ulysse, par son Ima-
» gination ardente, maîtrisait la Grèce et
» l'Asie : une flèche atteint le foyer de cette

» Imagination, et le Monde qu'elle troublait
» va, peut-être, rouler sur un axe nouveau ».

J'étais curieux de connaître le méchanisme d'un Sens interne qui opérait des choses si étonnantes dans la tête du Père de Télémaque, d'un Sens dont les écarts mêmes ont une apparence de grandeur, et que ses ennemis les plus dangereux ne peuvent dégrader, sans en faire usage. Machaon lut mes désirs dans ma pensée, et ma pensée, dans mes regards : il joignait à l'expérience de son art, les lumières d'une Philosophie, de qui tous les arts sont tributaires : il sourit avec grâces sur ma curiosité, et tranquille sur son accueil, je m'assis à ses pieds, pour entendre ses Oracles.

« Je n'ai pas attendu les prodiges de l'Ima-
» gination d'Ulysse, ni sa blessure vers le
» siège du Sensorium, pour étudier un Sens
» interne, qu'il est d'autant plus difficile de
» soumettre à l'analyse, qu'il tient, par un
» point, à la sensibilité, et par un autre,
» à l'intelligence ».

Homère s'approche de nous, en silence : il dépose, dans un coin de la tente, sa Lyre immortelle, et oubliant qu'il est aveugle, il fixe de ses regards éteints le sage Machaon : il est probable que les yeux de l'Imagination remplaçaient alors, dans ce Grand Homme, la perte des yeux de la Nature.

« Un objet extérieur, tel que Briséis, la
» captive d'Achille, agit sur mes fibres sen-
» sitives, et j'éprouve une sensation : mon
» ame, ensuite, en vertu de sa force mo-
» trice, reproduit cette sensation dans mon
» cerveau, sans l'intervention de la belle
» Esclave, l'altère, la décompose, et voilà
» l'Imagination ».

Le Chantre d'Achille, qui, sur le simple canevas d'une Fille enlevée, avait brodé un Poëme épique, dont l'esprit humain s'honorera à jamais, redoubla d'attention : tout, jusqu'à son silence éloquent, semblait dire : un Achille, un Agamemnon ne savent que voir la Beauté ; mais moi, je l'imagine encore après l'avoir vue, et je la peins, de manière à rendre inutile mon modèle.

« Tu vois, me disait Machaon, ce marbre
» de Paros, taillé en table, où ton image se
» réfléchit : eh bien ! notre Sensorium en a

» le poli et la transparence : c'est-là que
» l'Imagination forme une série de tableaux
» mouvans, où se dessinent également les
» objets existans et les objets possibles. Un
» Automate couronné, tel que Thersite, ne
» reproduit dans son Sensorium que les
» images qu'il a vues, et son Imagination
» stérile rampe vers la Terre : des têtes su-
» périeurement organisées, comme celle
» d'Ulysse, combinent ce qui est, avec ce
» qui n'est que possible, pour en former des
» ensembles, jusqu'alors sans modèle, et
» leur Imagination maîtrise, à-la-fois, les
» Hommes et les événemens ».

Un Héraut entra, en ce moment, dans la tente : il annonça que les Élémens, soulevés par les Immortels, s'armaient pour la querelle des Grecs et des Troyens; que le fleuve du Xanthe, ainsi que celui du Simoïs, étaient en feu, et que l'incendie s'approchait du camp, en dévorant tout sur son passage. Des Généraux, qui ne connaissent que la guerre, sont crédules : ceux qui entouraient le lit d'Ulysse se levèrent à l'instant, pour aller combattre ce feu dévastateur : pour moi, tranquille auprès du Sage, je souris de dédain sur l'Imagination populaire qui métamorphosait en feu, l'eau destinée à l'anéantir.

« L'Imagination, continua, d'un air calme,
» le Philosophe, altère, décompose un ob-
» jet, mais elle ne saurait en changer l'es-
» sence : elle peut tracer dans le Sensorium,
» une Rose qui parle, un fleuve Scamandre
» qui viole une Nymphe, un Agamemnon
» sans tête; mais elle ne peut donner un corps
» visible à la pensée. La tête pétrifiante de
» Méduse, la Chimère domptée par Bellé-
» rophon, sont des Êtres possibles; mais
» un cercle quarré n'est rien ».

Ici, Ulysse fit un geste violent, qui annonçait l'effet du Dictame sur sa blessure, et le retour des idées vigoureuses dans sa tête : un mouvement involontaire de terreur nous fit tressaillir. Un Ulysse qui pense, est plus fort qu'un fleuve qui brûle, pour détruire la sérénité d'un Philosophe.

« Quand un Homme d'une Imagination
» forte, reprit Machaon, a aussi du génie,
» il tient le sort des Nations dans sa main :

» si son cœur est déréglé, il embrâse la
» Terre; s'il est pur, il la gouverne.

» Et moi aussi, j'étais né avec une de
» ces Imaginations vigoureuses, qui, aban-
» données à elles-mêmes, peuvent boule-
» verser les Empires; mais à force de vic-
» toires sur moi-même, j'ai plié son énergie
» à l'amour raisonné de l'ordre : j'ai tenté
» de remuer les arts, plutôt que les champs
» de bataille. Sans doute, la destinée des
» Peuples ne dépendra pas de mon Imagi-
» nation, comme de la tête embrâsée d'un
» Ulysse; mais il me reste toujours quelque
» gloire à recueillir : je tourmenterai mon
» Sensorium pour faire des heureux, et quand
» je verrai mon ouvrage, je le deviendrai,
» à mon tour ».

Je me levai pour aller embrasser Machaon : Homère, à l'instant, me toucha d'une espèce de baguette enchantée, et je me trouvai sur le champ de bataille, au moment où Vénus serrait Énée dans ses bras d'albâtre, pour le dérober à la fureur de Diomède.

Homère, en divinisant ses Grands Hommes, avait acquis le droit de les faire combattre

battre avec ses Dieux : Diomède, malgré mes cris d'effroi, poursuit Vénus : la lance du Héros perce le voile de la Déesse, ce voile brillant que les Grâces ont tissu pour un autre usage, et la blesse elle-même à la main. Le sang de l'Immortelle coule, à l'instant, de sa plaie entr'ouverte, non ce sang impur, produit des alimens grossiers dont l'Homme qui a cessé d'être frugivore, ose se repaître, mais ce fluide abreuvé de Nectar, et nourri d'Ambrosie, qui propage dans ses veines le germe de l'Immortalité. L'image de cette lutte de Diomède ébranla le tissu encore cohérent des fibres amoureuses de mon Sensorium : je me rappelai, avec une émotion involontaire, l'Amante, non moins belle que Vénus, et un moment plus tendre, dont mon abandon avait peut-être déchiré le cœur; et pour la première fois de ma vie, j'accusai l'Imagination d'Homère d'avoir fait mon infortune.

Heureusement le tableau, dont la vue était importune pour ma sensibilité, s'effaça avec la rapidité de l'éclair : à nos côtés, était Iris, la Messagère du Souverain des

Dieux, qui séparait avec art les couleurs primitives de son Arc-en-Ciel, pour remonter dans l'Olympe : Homère et moi, nous nous suspendîmes aux deux extrémités de cette écharpe lumineuse, et avec une vîtesse supérieure à celle de la pensée, nous atteignîmes les limites du Firmament.

Je cherchais par-tout, sous la voûte céleste, l'Ordonnateur des Mondes, qui devait, par sa présence, vivifier tous les points de l'Espace : mais en ce moment, il voilait sa Majesté sous les nuages du mont Ida, comme un Despote de l'Orient, dans le réduit inaccessible de son Sérail. Homère, qui était l'ame du Divan céleste, qui faisait mouvoir avec son génie, et le Sultan, et ses Visirs, et ses Maîtresses, me fit part du secret de l'éclypse de Jupiter.

Junon, qui protégeait Troye, menacée de sa ruine, avait besoin, pour la sauver, d'endormir le courroux de Jupiter : elle s'était fait prêter, par Vénus, sa ceinture immortelle, cette ceinture qui renferme dans son tissu les jeux folâtres de l'Amour, les attraits qui égarent la Philosophie, la douce résistance, qui appelle la défaite, et la volupté, avec son calme et ses transports : le Souverain des Dieux vit Junon dans cet appareil, et oubliant qu'elle n'était que son Épouse, il sentit ses Sens embrâsés comme au tems de ses anciennes Métamorphoses. Le lit d'Hymen était-là : pour dérober sa pudeur mourante à tous les regards, il l'enveloppa d'un nuage d'or, que le Soleil même ne pouvait percer ; et tandis que la voûte céleste distillait l'Ambrosie sur la tête des deux Amans, que le Myrthe et les Fleurs amoureuses naissaient sous leurs pieds, les scènes les plus désastreuses de carnage, dans les champs d'Ilion, annonçaient le sommeil du Père de la Nature.

Homère, lui dis-je, avec une émotion que mon enthousiasme ne pouvait dissimuler, je regrette toutes ces richesses que ta brillante Imagination a déployées, pour induire, sans le savoir, l'Être sans principes, à blasphémer la Providence.

Un Dieu qui cueille les Myrthes de l'Amour, tandis que ses Adorateurs ne moissonnent que les Cyprès de la mort, ne me paraît digne, ni de ton pinceau, ni de nos hommages.

Le Père des Immortels, en imaginant une jouissance, tandis qu'on s'égorge autour de lui, pour donner quelque crédit à ses Oracles, empoisonne lui-même son bonheur : toi-même, Homme de génie, ( et j'en appelle à ta belle ame, encore plus qu'à la magie de tes vers ), tu n'étais pas heureux, quand tu imaginais le cadre le plus séduisant, au Tableau immoral des Amours de Jupiter.

Homère avait toute la modestie du talent : il ne savait point repousser la vérité avec les sophismes de l'orgueil. Jupiter amoureux déplaisait à ma Philosophie ; il se contenta de dérouler la partie supérieure du Tableau, et la vue de Jupiter, Ordonnateur des Mondes, me reconcilia, et avec le Peintre, et avec le Modèle.

Mon imagination s'éleva à toute sa hauteur, quand je vis le Jupiter de l'Iliade, peser les destinées de Patrocle et d'Hector, dans ses balances éternelles ; quand je contemplai cette chaîne de Diamans, avec laquelle il amène aux pieds de son Trône, les Hommes et les Dieux; quand je l'apperçus, dans sa marche sublime, *faire trois pas, et au quatrième, atteindre les limites de l'Univers.*

Homère, sûr du progrès de mon enthousiasme, n'en attendit pas les effets. Lorsque je voulus tomber à ses genoux, le Talisman avait opéré, et je me trouvai dans mon Temple de la Nature de la vallée de Tempé, entourant de quelques guirlandes de Lauriers le Buste du Créateur de l'Iliade, placé en regard avec le Sarcophage de ma Maîtresse. —

Ce voyage, ma chère Éponine, ne doit pas te paraître moins étrange que celui de Mahomet, avec sa Jument Alborak, dans les sept Régions du Firmament; mais je n'ai pas besoin, comme le Fondateur de l'Islamisme, de te rendre crédule, pour te faire Esclave. Je ne vis jamais, ni Ulysse, ni Diomède; jamais je n'eus d'entretien avec Machaon : le Nuage d'or, derrière lequel Jupiter se livra aux caresses astucieuses de Junon, ne s'entr'ouvrit jamais pour moi :

seulement, m'étant endormi un jour, l'imagination vivifiée par les Tableaux enchanteurs de l'Iliade, le Ciel embellit mon sommeil par le songe dont je t'ai fait part. Déjà je raisonnais sur la féerie de mes Avantures, j'opposais ma sensibilité à l'apathie du Maître de l'Olympe, je me rendais heureux, et de l'imagination d'Homère, et de la mienne, lorsque je m'éveillai.

## LA RAISON.

C'est à toi, maintenant, Éponine, à m'instruire : dix ans de lectures philosophiques, de réflexions profondes et de revers, t'ont donné la maturité d'un siècle : quand tu souris, avec tes grâces naturelles, à l'Époux que ton cœur a choisi ; quand tes yeux, étincelans de la plus touchante sensibilité, se reposent sur son cœur, tu as l'air d'Aspasie, dans son adolescence ; mais lorsque tu raisonnes avec moi, je crois voir tes cheveux blanchir, comme ceux de Solon, et ton visage, siège des Amours, prendre les rides vénérables des têtes de Zoroastre, ou d'Épiménide.

Tu te rappelles ces années désastreuses où, proscrit par le Despote insolent de Constantinople, pour avoir voulu te dérober à l'opprobre de régner dans son Sérail, j'errai, avec toi, de tombeaux en tombeaux, dans les Déserts du Péloponèse : tu charmais les longs ennuis de cette vie solitaire, par la lecture de Plutarque, de Locke, de Montaigne et de tous les beaux Génies qui ont traité de la Raison des Philosophes, en parlant son langage. Un jour, tu m'apportas un petit Recueil d'apophtegmes, fruit de tes laborieuses analyses, et sur-tout, de l'art avec lequel tu avais sondé les replis les plus secrets du cœur humain. En voici le choix, fait avec une sévérité que tu ne devais pas attendre d'un Père. Je les transcris, presqu'avec autant de scrupule, que si c'était un antique monument des âges primitifs. Cet Opuscule a trop parlé à mon intelligence, pour qu'il ne réveille pas en toi quelques idées de félicité.

———

Je vais jetter quelques lignes sur la Raison, à un âge où, à peine, elle fait entendre sa voix; mais les Penseurs des siècles de lumières sont devant mes yeux, et j'écris sous leur dictée. On peut, à ma vue, sourire sur la stérilité de mon entendement : mais en me lisant, on sourira moins, parce qu'on me soupçonnera riche de tous les entendemens des Philosophes.

---

La Raison, malgré les sophismes de l'Homme mal organisé, que son absence rend malheureux, n'a jamais été un don funeste de l'Ordonnateur des Mondes : c'est elle qui empêche l'amour de soi de dégénérer en amour-propre; c'est elle qui établit l'équilibre entre les puissances de l'ame; c'est elle qui produit la Loi, dans l'entendement du Sage, et, ce qui est plus difficile encore, qui soumet les Hommes à la Loi.

Ne disons pas que la Raison, vainement placée sur le trône de l'Homme, est toujours en minorité; non, ce n'est pas la Raison qui est trop faible, ce sont les passions qui sont trop impétueuses. Il est vrai que le Navire où nous a placés la Nature, est souvent sur le point de faire naufrage; mais nous accusons le Pilote, des vents impétueux que notre inexpérience fougueuse appelle pour le submerger.

D'ailleurs, les passions les plus ardentes sont, avant l'empire irrésistible de l'habitude, en proportion avec les forces de la Raison, qui doit les maîtriser. Tout individu, dont le tempérament s'embrâse au moindre contact des objets, a reçu du Ciel une Raison assez vigoureuse pour appaiser l'incendie de ses Sens : celui qui ne sent que faiblement, ne combat aussi qu'avec faiblesse ; ainsi, l'équilibre se conserve toujours, et l'Homme a droit à la vertu.

―――

La Raison, qui double le bonheur de l'Homme, en lui permettant de l'apprécier, voile sa marche au vulgaire des Observateurs. Il faut, pour la saisir, avoir le courage de suivre, avec une laborieuse sagacité, le fil de ses opérations, depuis la simple sensation, jusqu'au produit le plus compliqué de l'intelligence ; depuis l'idée du Caraïbe, qui vend son hamac le matin, oubliant que le soir, il doit se coucher, jusqu'à la pensée sublime de Newton, qui, dans son essor audacieux, embrasse tout le méchanisme de l'Univers.

---

Quand on connaît la marche de la Raison, on commence à soupçonner sa faiblesse. En effet, on ne peut faire un pas dans le Monde Social, sans s'exposer à une chûte, même avec le secours de cette Raison, qui nous tient lieu de lisières. Une telle inertie de la part d'un Sens interne, qui n'a pas encore tout son développement, vient de diverses causes : tantôt les idées primitives nous manquent, tantôt elles n'atteignent pas leur maturité : quelquefois, nous laissons échapper les idées moyennes qui en forment la liaison. Il y a cent façons pour parvenir à l'erreur, et une seule voie pour arriver à la vérité.

---

L'Être, déjà assez heureux, pour soupçonner les jouissances de l'entendement, doit apprendre à voir, avant d'apprendre à raisonner. Peut-être même que cette première opération suffit à la Logique de l'Homme de la Nature : car, quand on voit bien, on juge toujours bien.

---

On voit mal, quand on regarde comme des idées génératrices, des principes qui ont, eux-mêmes, besoin de preuves. De-là vient que tant de demi-Philosophes raisonnent mal, quoiqu'ils soient conséquens. Le Calife qui fit brûler la Bibliothèque d'Alexandrie, le Vandale Hanriot, qui ne voulait, en France, d'autre esprit que celui de Robespierre, en appellant tous deux la tyrannie, au soutien de la cause des tyrans, ne faisaient point un mauvais syllogisme ; mais, s'ils avaient commencé par appliquer les lumières, soit à la tyrannie Royale, soit à la tyrannie Républicaine, ils n'auraient pas fait, du Vandalisme, une base de l'ordre social : s'ils avaient lu, sans préjugé de secte, les livres qui leur faisaient ombrage, ils n'auraient, peut-être, brûlé que le Coran, et la Constitution de Robespierre.

---

Il n'y a que deux manières de raisonner, pour un Être qui n'a que cinq Sens, et un

Entendement faible, qu'une éducation perverse vient encore entourer de nuages. Ou bien l'on décompose ses idées particulières, et l'on monte, par une gradation insensible, du connu à l'inconnu, jusqu'à ce qu'on arrive à une maxime universelle qu'on veut établir : voilà l'analyse; ou bien, l'on part d'un grand principe, et l'on descend, par une chaîne non interrompue de corollaires, jusqu'à une vérité particulière, qu'on veut démontrer; et voilà la synthèse.

La synthèse n'est faite que pour des intelligences supérieures, dont la vue perçante embrasserait, à-la-fois, tout l'ensemble du Monde physique et du Monde intellectuel; qui auraient de grandes idées, aussi aisément que nous avons des sensations, et qui pourraient dédaigner la chaîne de nos petites vérités, en montant sans cesse dans le Ciel, pour en saisir le premier anneau.

L'analyse est le vrai apanage de la Raison humaine : si elle est moins fière, elle est aussi plus sûre : si elle exerce la patience du Philosophe, du moins, elle la couronne : elle ne lui apprend pas à planer dans le vague de la Métaphysique, mais aussi, elle l'instruit à marcher, sans faire de faux pas.

———

Les mots qui ont un sens particulier, dans le langage populaire, et un autre, dans la langue philosophique, corrompent l'esprit d'analyse, et posent, par là, une barrière éternelle entre la logique barbare de l'art, et la simple dialectique de la Nature. Qui soupçonnerait, à voir le sens que nous avons attaché au mot *paradoxe*, que l'Orateur de Rome l'a défini, d'après les Grecs, *une vérité philosophique, inconnue au vulgaire ?* Le nom de *Peuple souverain* présente-t-il la même idée à Paris, et dans l'ancienne Rome ? prononcé par Catilina, ou par Mably, par Danton, ou par Paul-Emile ?

———

Quand on s'est accoutumé à revêtir chaque idée des termes propres qui sont, à l'intelligence, ce que les couleurs sont au tableau qu'on veut tracer, il ne reste plus que des précautions physiques à prendre, pour n'être point troublé dans la recherche de la vérité.

Ainsi, il est utile d'éviter toutes les sensations fortes, telles que le bruit éclatant, une vive lumière, le plaisir ou la douleur. Il faudrait, pour ainsi dire, que l'ame fît divorce avec le Monde sensible, pour pénétrer plus librement dans le Monde intellectuel.

La vérité utile, la seule qui mène au bonheur individuel, ne se laisse dévoiler que par l'ami de la morale. Ainsi, pour ne point s'égarer dans sa découverte, il serait bon de la chercher avec son cœur, avant de la chercher avec son intelligence.

La curiosité inquiète de l'Homme, qui s'élance dans les hautes Régions de l'Infini, n'est pas l'amour de la vérité. A quoi ont servi les questions sur l'origine des choses, discutées depuis plus de quarante mille ans, et jamais résolues, sinon à faire rougir les Philosophes de la faiblesse de leur vue intellectuelle, à substituer les paradoxes aux axiômes de la Nature, et à mettre le raisonnement à la place de la Raison?

La vérité, quant à son enchaînement avec l'ordre social, ne tient pas aux spéculations sur l'essence des Êtres, mais à leurs rapports entr'eux. Or, ces rapports doivent être réels, et non apparens. Cette règle est de l'application la plus rigoureuse, dans toutes les branches de la Philosophie et de la morale. C'est, pour avoir raisonné sur d'infidèles apparences, que l'École de Pyrhon niait tout, que le Machiavélisme Sacerdotal voilait tout, que l'Inquisition Républicaine de la Démocratie anéantit tout. Sans cette Logique perverse, il n'y aurait, peut-être sur le Globe, ni mauvais Physiciens, ni Sectaires, ni Persécuteurs.

L'auteur d'*Émile* qui, quelquefois, a été le Newton de la morale, était persuadé que, pour découvrir les vrais rapports des Êtres entr'eux, il fallait étudier les rapports de chacun d'eux avec soi-même. Cette clef simplifie toutes les recherches. On est au centre de la Sphère, et on en mesure mieux les rayons : dès qu'on se connaît, on connaît l'Univers.

---

Le grand art pour résoudre le problême des rapports, est de partir d'une idée simple, pour arriver à une idée complexe, et de redescendre à l'instant, de l'idée complexe, à l'idée simple. L'Entendement ne doit pas faire un pas, qu'il ne sache où il est, d'où il vient, et comment il peut retourner en arrière.

---

La vérité ne laisse ôter son voile sur les rapports des Êtres, que lorsque l'Observateur lui-même le déchire. Il faut, le plus qu'il est possible, user de sa raison, et non de celle d'autrui, parler la langue de la Philosophie, plutôt que celle des Philosophes. La recherche des principes égare quelquefois ; mais c'est l'autorité qui perpétue l'erreur, et qui la fait servir au malheur de l'Univers.

---

Enfin, la Raison, quand elle veille, comme l'Ange

l'Ange d'Eden, à la porte du Temple du bonheur, ne doit se proposer que trois objets d'étude ; Dieu, l'Homme et la Nature : Dieu, pour l'adorer en silence ; l'Homme, pour lui être utile ; et la Nature, pour remplir le vuide de son Entendement.

---

Telle est Éponine, l'espèce de Code que tu traças un jour, pour te conduire au bonheur, par les jouissances de l'Entendement. Il fallait tout ton génie, pour le recueillir ainsi, des idées disparates des Philosophes, et sur-tout, toute ta force d'ame, pour l'écrire, à la pâle lueur des lampes funèbres qui éclairaient les tombeaux.

Tu étais heureuse, alors, et du progrès de ta raison, et peut-être, de l'inertie de tes Sens : car, quoique dans l'âge où tous les organes ont atteint leur développement, ton cœur neuf s'ignorait encore, et ton sein naissant attendait le premier sourire de la Nature.

Depuis cette époque, ton intelligence a peu ajouté à son essor ; car il avait atteint son apogée : mais un Amour pur, tel que tu pouvais l'inspirer à un Héros, a appris à tes Sens le secret de leur énergie, et une voie nouvelle a paru se frayer à ta félicité.

Il te reste encore, Éponine, une dernière Porte à ouvrir, pour connaître la région entière du bonheur; mais, que dis-je? Ta belle ame n'a-t-elle pas, à cet égard, épuisé les nouvelles jouissances dont je vais t'entretenir? et quand la Nature t'a parlé, avec tant de succès, que reste-t-il à un Père à t'apprendre?

SOCRATE

Macret sculp.

# TROISIEME PORTE OUVERTE AU BONHEUR.

## LA VERTU.

J'ai prononcé le mot de Vertu; c'est t'avoir nommé, immortel Socrate, toi, dont les traits, et encore plus la renommée, ont franchi l'abîme des siècles; toi qui eus le courage d'attendre la mort, que les Héros vulgaires ne savaient que se donner; toi qui, seul, constituais la Patrie, lorsque, déchirée par ses Démocrates, Athènes permettait à un Aristophane de te jouer sur son Théâtre, et à un Anitus, de te faire boire la Ciguë.

Viens, ô Grand Homme, vivifier de ton génie ce faible Essai sur le bonheur : viens opposer ton nom auguste à ces Athées de sentiment, qui relèguent la Vertu parmi les fantômes de la crédulité : viens me rendre heureux de ton inspiration, et de l'enthousiasme réfléchi que tu as su inspirer à mon Éponine.

---

Il était tems que je me frayasse une nouvelle route pour arriver au bonheur : car aucune de mes tentatives n'avait parfaitement rempli mon attente. J'avais connu le délire voluptueux des Sens, dans les bras de ma Thessalienne, et ma soif de la félicité n'avait point été étanchée par la jouissance : j'avais mis ma pensée en correspondance avec celle des Hommes de génie, des Gens de goût et des Sages, pour la faire jouir, par le contact de tous ces Entendemens ; et le vuide que j'éprouvais encore m'annonçait, au-delà de mon Horizon, un bonheur inconnu, que je ne pouvais atteindre.

C'est dans cet état d'épuisement, où m'avaient laissé mes longues et infructueuses recherches, que le simulacre auguste de la Vertu vint s'offrir devant moi ; je tressaillis : toutes les puissances de mon ame furent doucement émues, et je jugeai du bonheur de jouissance qui semblait m'attendre, par le bonheur d'espoir que je commençais à goûter.

Disparaissez, fantômes brillans du Monde intellectuel, qui m'avez bercé quelque tems de vos ingénieuses chimères : imaginer, n'est pas être heureux; et s'il fallait être Homère, ou l'Arioste, pour s'élever au bonheur, la Nature, marâtre, envers le genre humain, aurait, ou manqué, par impéritie, ou corrompu, par perversité, le plus beau de ses Ouvrages.

Et toi, Amour, charme de mes premiers ans, principe amer des perfidies qui ont empoisonné ma jeunesse; toi que je déteste à jamais...., que j'idolâtre, peut-être, encore..., ne me laisse plus le souvenir importun d'une félicité dont je rougis : mon cœur ne communique plus par aucune avenue avec mes Sens : et j'oublierais tout de l'Enchanteresse que j'ai abandonnée à ses remords, si je ne lui devais pas...., jusqu'à ma Vertu.

# DE L'INFLUENCE
## DES PASSIONS,
## SUR LE BONHEUR.

Je ne vais donc plus m'occuper de toi, objet de ma première idolâtrie et de mes premiers tourmens. — Tu te rappelles, sans doute, l'émotion involontaire que je te causai un jour, en t'apprenant la prédiction du Gouverneur de Misithra, que je ne serais jamais heureux que par lui, ou plutôt, par un enfant de dix ans, qui jouait avec moi dans ses bras. Long-tems après, quand ma raison me permit de réfléchir sur un pareil oracle, je souris avec dédain : je possédais alors ton cœur, et avec lui, toutes les félicités de l'Univers.

Il ne se jouait cependant pas, tout-à-fait, de ma crédulité, cet Homme vénérable, à-la-fois, par son âge, par ses dignités et par ses lumières. L'enfant de dix ans était destiné, par le Ciel, à te disputer, un jour, mon cœur. — Écoute : tu as long-tems distillé, goutte à goutte, le fiel et le poison, dans ce cœur, qui n'était devenu sensible que par toi, et pour toi ; mais si, jamais, ce faible ouvrage parvient jusques dans ta retraite, apprends ce que je dois à ta Rivale, et je suis assez vengé.

———

Soliman ; uni, quarante ans, de l'amitié la plus pure, avec mon Père, lui avait, après sa mort, succédé dans mon cœur : il partageait ses soins entre sa fille et moi ; il voulait que j'appelasse cette jeune Beauté, ma sœur : je crus l'être, tant que je n'aimai personne, et je le crus encore, tant que je fus seul aimé.

Cependant, cette sœur d'adoption croissait en beauté et en grâces. A quinze ans, on la nommait la seconde Hélène : son père, ses esclaves, son miroir, tout, excepté moi, lui disait qu'elle était le chef-d'œuvre de son sexe ; et seule, dans Misithra, elle n'en croyait rien.

Cependant, mon silence en disait plus à

la vague curiosité de cette ame toute neuve, que les éloges du Péloponèse entier ne parlaient à sa vanité. Son père fut le premier qui s'en apperçut : ma fille, lui dit-il, je te félicite et te plains : tu portes, en toi, le germe de passions ardentes, qui subjugueront, un jour, ton Être tout entier, qui te feront parcourir, en sens inverse, les deux échelles de la sensibilité, qui te rendront la plus heureuse des Femmes, et la plus infortunée. —

Mon père, vous piquez ma curiosité : je voudrais connaître ces passions, qui doivent faire le charme et le tourment de ma vie. —

Elles n'embrâseront que trop tôt ton cœur. —

Je voudrais les maîtriser. —

A quinze ans, ma fille ! —

Est-ce que votre raison, mon père, ne m'en donnera pas cinquante ? —

Écoute, Fatime : la raison d'un Père est bien faible, pour appaiser un Volcan, dans son éruption : je veux te donner un Mentor, dont la voix résonnera, d'une manière plus touchante, dans ton cœur. C'est à Platon, c'est à ton frère chéri, à te guider dans la carrière orageuse où tu vas entrer : je l'instruirai, et il t'instruira, à son tour. Je veux qu'il descende, avec toi, au fond de toi-même, qu'il te dévoile le danger des passions....., que peut-être, il fera naître...., et que lui seul a droit de guérir. —

Fatime, qui ignorait ce que la Nature faisait pour elle, Fatime, dont le sein naissant ne palpitait pas encore, sous l'impulsion du desir, ne comprit pas tout ce que lui disait son père. Moi, grâce à mon Amour pour la Thessalienne, je commençais à le soupçonner : mais, emporté par la fougue de mes Sens, je n'avais pas le calme nécessaire pour analyser les passions, dont je subissais l'empire; et appellé, d'ailleurs, à vivifier ma jeune Amante, je n'aurais jamais eu le courage d'être le Pygmalion de sa Rivale.

C'est, dans cette situation critique, où se trouvait mon cœur, que je reçus, un jour, de Soliman, le tableau rapide des passions, tableau qu'il semblait avoir tracé, du port de l'expérience, pour sauver notre jeunesse ardente, du naufrage. Je le trouvai de la plus grande vérité. Cependant, par la plus étrange des fatalités, il n'empêcha pas ma Thessalienne de devenir coupable; il ne prévint pas les malheurs de Fatime, et peut-être, sera-t-il inutile à la vertu d'Éponine.

« Vous entrez, mes enfans, dans l'âge où
» les passions ne se montrent, dans l'Homme,
» que pour le subjuguer : écoutez la raison
» calme d'un père, qui s'est dérobé trop
» tard à leur empire, et préférez, aux con-
» seils amers du malheur, les conseils tuté-
» laires de ma tendresse.

» J'ai mis, dans cet Écrit, plus de litté-
» rature Française, que d'érudition Musul-
» mane, plus de précision, que d'harmonie,
» plus de Philosophie, que de faits, afin de
» laisser à Platon le plaisir de l'interpréter
» à Fatime. Un texte qu'on n'entend, qu'avec
» un commentaire, laisse une trace plus pro-
» fonde dans la mémoire ; et j'ai besoin de
» semer long-tems dans la mémoire de ma
» fille, avant de recueillir dans son intelli-
» gence.

» Les passions sont aussi essentielles à

» l'ensemble de la machine humaine, que
» la pensée l'est à l'entendement, et les
» muscles, à l'action des organes; il n'y a
» qu'un seul équivalent à la démence du
» Philosophisme, de vouloir les empêcher
» de naître; c'est la démence des Religions
» révélées, de vouloir les anéantir.

» Si l'Homme n'existait que par les pas-
» sions, vivre, pour lui, ne serait que se
» tourmenter : s'il n'existait que par la rai-
» son, il ne serait qu'une froide Statue.

» La raison ne fait rien sur ce Globe : ce
» sont les passions qui le font mouvoir, et
» qui le bouleversent. Les passions sont ces
» Mers terribles, où les Vaisseaux voguent
» sans cesse, mais au milieu des tourmentes
» et des orages : la raison, est cet Océan
» pacifique, où le Navigateur, arrêté par
» un calme éternel, partage l'inertie du Ciel
» et des Eaux, ne vit que dans l'anéantis-
» sement, et n'existe pas même assez, pour
» desirer de mourir.

» Les compilateurs de morale religieuse,
» qui font deux classes des passions, et qui
» affirment que les unes sont permises,

» tandis que les autres sont défendues, di-
» sent une absurdité : c'est le cœur qui mé-
» rite, ou démérite, et non la faculté d'ai-
» mer, ou de haïr. Toutes les passions sont
» bonnes, si l'ame sait être la maîtresse;
» elles sont toutes mauvaises, si elle reste
» esclave.

» Quand on veut se faire une idée de la
» généalogie des passions, il faut adopter
» l'admirable définition de Pope, qu'elles
» ne sont toutes que des modifications de
» l'amour de soi. Ce trait de lumière an-
» nonce, en trois mots, ce que Locke prouve
» péniblement, en vingt pages; et voilà
» l'avantage que l'Homme de génie, qui
» peint, a sur l'Homme de génie, qui dis-
» serte.

» De toutes les passions qui naissent de
» l'amour de soi modifié, celles où l'on re-
» connaît le plus le cachet de la Nature,
» sont, l'Ambition et l'Amour.

» Ce n'est point à moi, à parler de l'Amour
» à Fatime : mon ton sévère effaroucherait
» ses grâces : le Printems ne voit, ne peint,
» ne recueille que des Roses; et ma main,

» glacée par l'hiver de l'âge, n'en saurait
» toucher une, sans la faner.

» Fatime, tu es née pour connaître, pour
» inspirer et pour embellir l'Amour : ne hâte
» point la marche raisonnée de la Nature :
» attends que ton cœur éveille tes desirs ; et
» quand tes Sens commenceront à être sub-
» jugués, épure ce feu céleste, en allant au
» bonheur, par la Vertu.

» L'Ambition, dans la langue philosophi-
» que, est, comme l'Amour, la passion de
» l'Être ; mais l'unité qui est entre leurs
» principes, ne se trouve pas entre leurs fins :
» l'Amour aspire à des jouissances physi-
» ques : l'Ambition se propose des plaisirs
» intellectuels, et d'ordinaire, un bonheur
» de préjugé.

» L'Amour s'éteint par la jouissance ; mais
» l'Ambition la fait servir d'aliment à sa
» cupidité : ses desirs satisfaits, semblables
» à ceux de Messaline, s'en irritent davan-
» tage : elle voit toujours au-delà du plaisir
» qu'elle goûte, et cette perspective impor-
» tune l'empêche de le goûter.

» L'Ambition, par elle-même, n'est pas

» plus mauvaise que l'Amour ; car la Na-
» ture nous dit d'aggrandir notre Être, aussi
» bien que de le multiplier. C'est dans une
» ame, déjà criminelle, que cette passion se
» déprave, comme on voit, en Italie, l'eau
» la plus pure, se corrompre, en passant
» sur le terrein bitumineux de la Solfatare.

» L'Ambition, ainsi que toutes les pas-
» sions actives, se fomente par une passion
» inerte, qu'on appelle l'Oisiveté.

» On est tenté, en fixant ses regards sur
» cette Oisiveté, de supposer que la Nature
» a fait, de l'Homme, un Être contradic-
» toire. En effet, elle a placé, dans notre
» ame, un principe d'activité qui en tend
» tous les ressorts, avec une pente invincible
» pour le repos, qui semble destinée à les
» relâcher. Ces deux forces se combattent
» sans cesse, sans se détruire : l'une indique
» la route du bonheur ; l'autre paraît s'iden-
» tifier avec lui ; mais il semble qu'on en est
» toujours plus proche, quand on le cherche,
» que quand on croit l'avoir trouvé.

» L'Homme le plus actif voit toujours en
» perspective l'Oisiveté, qui doit couronner

» ses travaux. C'était, pour se reposer un
» jour, que Pyrrhus livrait vingt batailles,
» et que l'Espagnol Lopez-de-Voga compo-
» sait quatre cents comédies. Le repos ne
» vint jamais, et ces deux Hommes célèbres
» en furent moins malheureux.

» Notre ame est trop active et trop in-
» quiète, pour s'accommoder du sommeil
» léthargique de l'Oisiveté. D'ailleurs, le
» repos mène au poison lent de l'ennui, et
» ce poison est le germe de tous les crimes.
» Tarquin s'ennuie à la cour de son père,
» et il viole Lucrèce; Tamerlan s'ennuie
» dans Samarcande, et la Terre est ravagée.

» Fatime, veux-tu régner sur toi-même?
» Que l'ennui ne consume jamais ta vie;
» sur-tout, qu'il ne répande point, dans
» un âge mûr, ses sinistres nuages, sur un
» Amour pur qui aura embelli ta jeunesse.
» Le jour où tu verras, avec ennui, l'Être
» que tu t'honoras long-tems d'aimer, ton
» cœur cessera d'être honnête; alors, plus
» de vraies jouissances pour toi : car l'on
» perd ses droits au bonheur, quand on a
» perdu ses titres à la Vertu.

» Il y a des passions naturellement douces,
» et d'autres, dont l'impétuosité caractérise
» le principe, et la violence, les effets.

» Les passions douces répandent une heu-
» reuse sérénité sur l'horizon de la vie ; elles
» font mouvoir l'Homme, sans le fatiguer ;
» elle s'échauffent, sans l'embraser ; elles le
» tiennent également éloigné des grands plai-
» sirs, qui rendent la moitié de la vie insi-
» pide, et des grandes douleurs, qui dé-
» truisent la machine.

» L'*Espérance* semble la première des pas-
» sions douces ; née avec nous, elle ne s'é-
» teint qu'avec le dernier souffle de la vie.
» C'est elle qui nous rend chers les momens
» fugitifs de notre existence, et qui nous
» fait aspirer à des jouissances d'un autre
» ordre, quand nous aurons atteint les der-
» nières limites de notre carrière.

» Je voudrais parler de cette *Pudeur*,
» dont la Nature a armé le Sexe le plus fai-
» ble, pour le sauver des entreprises du plus
» fort : heureux sentiment, qui accompagne
» l'innocence et la caractérise, et sans laquelle
» il n'y a point de volupté, même pour les

cœurs

» cœurs corrompus ! Je voudrais....; mais,
» dans un siècle où il n'y a plus de mœurs,
» que dans les livres des Philosophes, je
» craindrais de ne pas me faire entendre.

» Le même motif m'empêche de m'appe-
» santir sur la *Reconnaissance*, ce senti-
» ment si naturel aux Êtres bien nés, et
» dont les Hommes n'ont fait une vertu,
» que quand ils ont commencé à la mé-
» connaître.

» La *Pitié* est, de toutes les passions dou-
» ces, celle qui a le plus de pouvoir sur
» l'Homme, lorsque la superstition sacerdo-
» tale, ou le fléau des Loix Révolutionnaires
» ne l'ont pas rendu petit et barbare. En
» tout tems, et dans tous les climats, l'as-
» pect d'un individu qui souffre nous émeut,
» malgré nous, et notre ame se met, d'elle-
» même, à l'unisson de la douleur. La Pitié
» est le cri de la Nature, qui appelle à la
» conservation des Êtres, tous ceux qui les
» environnent.

» Parmi les passions dont la Philosophie
» se plaît à modifier la violence, il en est
» quelques-unes, qui ont été modérées dans

» leur germe. Médée aima paisiblement Ja-
» son, avant de poignarder les enfans qu'elle
» avait eus de lui : la haine d'Atrée, pour
» Thyeste, commença par l'indifférence,
» et finit par un crime plus grand que le
» parricide.

» Il y a des Hommes dont l'ame, tranquille
» dans son élément, n'a jamais éprouvé le
» conflict des passions orageuses. Ces Êtres
» faiblement organisés éprouvent peu les
» biens et les maux attachés à l'existence :
» ils ne voient jamais briller dans leur En-
» tendement la flamme du génie; et parve-
» nus à une extrême vieillesse, ils meurent,
» sans avoir vécu.

» Ce sont les passions violentes qui carac-
» térisent une ame forte; et quand elles se
» rencontrent avec une raison droite et lu-
» mineuse, il en résulte un Grand Homme.

» Un Grand Homme, ou une Héroïne,
» à grand caractère, ( car ils sont composés
» des mêmes élémens ), sont aussi rares que
» ces Comètes qui entraînant, dans leurs
» orbites, les corps célestes, assujétissent à
» de nouvelles loix le système de l'Univers.

» La Nature s'étudie, pendant plusieurs
» siècles, à les organiser; et quand ils pa-
» raissent, elle se repose, comme si sa puis-
» sance créatrice était épuisée.

» D'ordinaire, les passions impétueuses
» sont unies à un Entendement pervers, ou
» du moins, énervé; alors le Corps Social
» éprouve des convulsions qui le déchirent;
» les Trônes ou les Républiques se renver-
» sent, et la célébrité devient l'apanage des
» grands scélérats.

» On peut compter, parmi les passions
» violentes des Êtres pervers, cette soif du
» sang humain, qui caractérise les Conqué-
» rans et les mauvais Législateurs, et ces
» haines atroces, dont les Poëtes placent
» le théâtre dans les siècles héroïques, pour
» la consolation des siècles barbares.

» Il y a peu de passions qui tendent plus
» à la violence, que l'Amour, parce qu'il
» subjugue le physique et le moral de notre
» Être, qu'il embrâse, à-la-fois, l'Imagina-
» tion et les Sens, et qu'il joint l'ivresse de
» la vanité à l'ivresse du plaisir.

» Un des plus singuliers phénomènes qui

» se découvre dans le cœur humain, c'est
» que le sentiment de notre misère est plus
» propre à produire les passions véhémentes,
» que le sentiment de nos forces. Un Sage,
» qui connaît toutes les ressources de son
» ame, sûr de les employer, suivant sa vo-
» lonté, ne fait aucun effort, et reste dans
» un état d'inertie; mais celui qui a la con-
» naissance de ses imperfections, éprouve
» une inquiétude active, qui le force à s'é-
» lancer hors de lui-même, et à dompter la
» Nature. Le premier est faible, par sa vi-
» gueur même; l'autre est fort, par son im-
» puissance.

» On croit, ordinairement, que les pas-
» sions impétueuses ne peuvent s'allier avec
» la raison; c'est une erreur de ceux qui
» n'ont jamais étudié la Nature. Un Homme
» qui est doué de la plus grande sensibilité,
» est souvent plus maître de soi, que celui
» dont le tempérament est aussi froid que
» la raison. Le Grand Homme combat sans
» cesse, et triomphe quelquefois; l'Homme
» vulgaire est vaincu, sans combattre.

» Il est certain que les passions violentes

» altèrent, à la longue, l'organisation des
» Êtres intelligens; mais un instant d'exis-
» tence, dans l'Homme de génie, est plus
» utile à la Terre que la vie passive d'un
» million d'Automates.

» Diriger les passions douces, maîtriser
» les passions violentes, ne suffit pas encore
» pour conduire l'Homme au bonheur, par
» la Vertu. Il lui reste un dernier écueil à
» franchir; et c'est ici que le Navigateur a
» besoin d'avoir toujours l'œil fixé sur le
» Phare de la Philosophie, pour ne point
» faire naufrage.

» L'Homme, en recevant la vie, porte,
» en lui-même, le germe d'une passion qui
» doit, un jour, dominer dans son ame, et
» entrainer toutes les autres dans la Sphère
» de son activité. Tout concourt à faire
» éclorre ce germe : l'habitude le nourrit;
» les talens le fortifient; la raison, même,
» en accélère le développement. Quand cette
» passion primordiale est à son dernier terme
» de maturité, elle force toutes les puissances
» de l'ame à se mouvoir, suivant une direc-
» tion régulière; alors, les contradictions

» disparaissent, et le cœur humain est re-
» connu.

» La passion dominante est incompatible
» avec l'artifice : c'est dans ce point, seu-
» lement, que l'inconstance paraît fixée;
» que le Courtisan est naturel, et que les
» Femmes sont sincères. Le Philosophe qui
» réussit à la démasquer, s'instruit plus,
» par ce trait de lumière, que par les Essais
» de Montaigne, les Pensées de Pascal, ou
» les Maximes de la Rochefoucault.

» Au reste, l'Observateur le plus éclairé
» se trompe quelquefois dans la recherche
» de la passion dominante, parce qu'il prend
» pour le ressort principal, un rouage qui
» lui est subordonné.

» On croit, d'ordinaire, que Mahomet
» était un fanatique : il n'était qu'un am-
» bitieux, à grand caractère. Ce Législateur
» avait trop de génie, pour s'imaginer que
» ses convulsions annonçaient ses entretiens
» avec l'Ange Gabriel; que la Lune se ca-
» chait dans sa manche, et qu'il montait
» au Ciel sur sa Jument : mais il savait que
» l'Arabe était superstitieux et crédule; et

» il l'étonnait, pour l'asservir. Transportez
» Mahomet dans l'ancienne Rome : il sub-
» juguera le Sénat, mais il ne fera pas par-
» ler les Sibylles ; il sera plus que Prophète :
» il sera César.

» Lorsque la passion dominante est cri-
» minelle, elle s'amalgame avec tous les dé-
» fauts qui logent dans le cœur humain :
» quand elle est vertueuse, elle communique
» sa teinte à toutes les qualités qui l'embé-
» lissent ; mais toujours, elle conserve sa
» supériorité : c'est un Soleil qui éclipse tous
» les Astres de son Système.

» Heureux le Philosophe, dont la passion
» dominante est l'amour de l'harmonie uni-
» verselle ; qui chérit l'Homme, sur tous les
» points du Globe, parce qu'il connaît sa
» propre dignité, et dont l'ame supérieure
» se met toujours de niveau avec les grandes
» opérations de la Nature ! »

---

Quand je parcourus cet essai avec ma Thessalienne ; *mon ami*, me dit-elle, *je crains peu les passions : j'en ai une domi-nante, qui me sauvera de leur tyrannie;*

*c'est le besoin impérieux qui m'entraîne à t'aimer.*

Fatime eut un autre langage. Ce n'est point à moi qu'elle adressa les réflexions que cette lecture lui avait fait naître ; elle était trop fière, pour répondre à mon silence : mais prenant la main de son Père, qu'elle porta à son front, comme pour en voiler la rougeur : *un autre le rend heureux par l'Amour,* dit-elle, *mais je l'attends dans le calme des passions, pour le rendre heureux par la Vertu.*

# DES DANGERS
## QUE COURT ET QU'AFFRONTE LA VERTU.

Fatime, avant de se douter qu'elle avait un cœur pour l'Amour, savait qu'elle en avait un pour la bienfaisance. Elle en exerçait les actes, avec ces grâces timides qui en relèvent d'autant plus le prix, qu'en voilant la supériorité de l'Être qui donne, elles allègent, dans celui qui reçoit, le fardeau de la reconnaissance. Ses bienfaits étaient toujours répandus dans l'ombre; son père même n'était point dans le secret : elle aurait rougi si, pour suivre l'impulsion de la Nature, elle avait été obligée de mettre un tiers entre le Ciel et son cœur.

C'était, sur-tout, dans une maison de plaisance qu'avait son père, à quelques lieues de Misithra, que loin des regards indiscrets, elle aimait à se livrer aux élans d'une vertu qui, peu-à-peu, était devenue une passion dans son ame magnanime. Elle avait adopté pour n'être point reconnue, un vêtement modeste de Bergère, qui appellait la confiance dans l'Homme pauvre, dont elle voulait soulager l'infortune. C'est-là, qu'enveloppée de ce voile Grec que le Sexe quitte si rarement, au Péloponèse, ne prenant avec elle que son Esclave favorite, quelquefois, seule avec son innocence, elle se répandait dans les chaumières, et y prodiguait, mais avec discernement, l'or que son père lui donnait pour ses plaisirs. Titus, son modèle, perdit un jour; pour elle, plus heureuse, elle n'en perdait point, parce que, quand le défaut d'occasion trompait sa bienfaisance, elle faisait passer, en secret, aux indigens de Misithra, le produit sacré de ses épargnes, qu'elle destinait, d'ordinaire, à des malheureux d'une classe bien plus respectable, aux Cultivateurs opprimés des campagnes.

Un jour d'orage, ( les orages, depuis ma piqûre du Zemb, m'ont toujours été funestes), Fatime imagina un trait de grandeur d'ame dont le souvenir fait encore palpiter mon cœur d'admiration et d'effroi. La foudre était tombée sur une petite maison qu'occupait, à peu de distance de Misithra, la mère de ma Thessalienne, et l'avait réduite en cendres : la jeune Héroïne trouve digne d'elle, d'être la Bienfaitrice de l'infortunée qui avait donné le jour à sa Rivale, et elle vole à son secours. Il restait encore, de l'édifice, un plafond embrâsé, où un Enfant de dix ans, fils d'un Esclave de la maison, avait cherché un asyle, au commencement de l'incendie. Ses cris douloureux indiquaient le péril, mais ne l'y dérobaient pas. Une seule poutre servait de communication, avec une échelle qu'on avait placée, au dehors ; mais elle était en feu, et l'Enfant, éperdu, n'osait la franchir, moins aguerri, comme on l'est à son âge, contre la douleur, que contre la mort. Sesostris, dans une circonstance pareille, eut recours à un moyen, bien digne de l'ame petite et atroce des Conquérans ; il prit deux de ses fils, les étendit sur la poutre embrâsée, et en marchant sur leurs corps palpitans, se déroba à la mort, que seul il méritait, sans doute. Fatime, plus près de la

Nature qu'un Pharaon, pose ses pieds délicats, et presque nuds, sur les charbons, tend la main au jeune Esclave, l'enlève dans ses bras, et réussit à le descendre au bas de l'échelle, quelques minutes avant que le plafond tout entier s'écroulât avec fracas, au milieu des décombres.

Cependant, le voile qui dérobait l'Héroïne à tous les regards, avait été brûlé, sur la poutre embrâsée : on avait reconnu la fille du Gouverneur de Misithra, et tout le monde s'était précipité à ses genoux, l'appellant une Divinité ; car on est Dieu, aux yeux du Peuple, quand le hasard a fait naître près des marches du trône, et qu'on n'a pas abjuré la Nature.

Parmi les Spectateurs de cette grande action, se trouvait le fils d'un Bacha de Belgrade, qui avait, envain, demandé à Soliman la main de Fatime. A la vue de sa beauté, ses desirs éteints se rallumèrent ; il osa la suivre, de loin, dans un bois qu'elle devait traverser, pour retourner chez son père, brûlant d'être le Tarquin de cette seconde Lucrèce, et de devoir, à la force, un triomphe qu'il ne pouvait espérer de sa vertu.

Cependant, le jeune Esclave, dérobé à l'incendie, avait suivi quelque tems sa Bienfaitrice, baignant, de tems en tems, sa main qui s'appuyait sur lui, des larmes de la sensibilité. Arrivée à la lisière du bois, l'Héroïne le charge d'or, pour sa Maîtresse, et le renvoie. A peine était-il hors de sa vue, qu'à un détour du taillis, l'audacieux Musulman se présente, un poignard à la main, et l'œil en feu, le blasphème à la bouche, s'élance sur Fatime, pour la renverser. Ce nouveau danger était d'une nature bien plus alarmante, pour la fille de Soliman, que celui qu'elle venait de courir, dans la maison atteinte de la foudre. Aussi, ayant affronté l'un, elle pâlit devant l'autre. Il y avait de l'orgueil, pour cette ame pure, à mourir victime de l'humanité la plus touchante; il n'y en avait point à vivre déshonorée.

Heureusement, pour justifier la Providence, le jeune Esclave, qui s'était retourné plusieurs fois, pour voir sa Bienfaitrice, avait entendu ses cris douloureux. Arrivé à quelque distance du lieu de la scène, il jugea aisément qu'il lui était impossible de lutter contre un jeune Homme armé, qui joignait la force que donne l'âge, à celle que le crime tient de l'audace; mais il avait, dans sa main, une fronde qui, dans les jeux de sa Gymnastique, lui servait à atteindre la Colombe dans son vol; et non moins adroit que le David des Hébreux, quand il défia Goliath, il frappa, à la naissance des vertèbres, le fils du Bacha de Belgrade, au moment où il déchirait le faible tissu qui dérobait à ses regards le sein palpitant de sa victime. Le scélérat, grièvement blessé, tombe sans connaissance; et Fatime, profitant de ce sommeil de mort, se sauve, avec la légèreté d'Atalante, sans que, dans le trouble de ses sens, elle songe à soupçonner qu'elle a un libérateur.

Pendant que cette scène tragique se passait dans la forêt, j'avais volé vers la maison embrâsée de la mère de mon Amante; j'y avais appris le dévouement sublime de la fille de Soliman; et, inquiet de sa retraite, lorsque, seule et sans voile, il lui restait des dangers à courir, j'avais précipité mes pas pour l'atteindre dans sa course et la conduire en sûreté chez son père : lorsque j'arrivai, le Ciel était vengé ; mais la surprise de l'Héroïne, à ma vue, produisit un tableau vraiment pittoresque, un tableau qui n'avait pas besoin du coloris du Corrège, pour passer de mon cœur dans ma mémoire.

Elle était assise sur une saillie de rocher adossé au dernier arbre de la forêt : aucun voile n'entourait sa tête céleste ; son sein même, ce sein d'albâtre, que jusqu'à ce moment l'œil perçant du desir n'avait pu deviner, était éclairé tout entier par le Soleil, dont elle effaçait l'éclat et la pureté. Quoique la cause de cette espèce d'abandon fût sublime, cependant la pudeur, qui ne perd jamais ses droits dans un sexe vertueux, la fit rougir à ma vue : ses beaux yeux se baissèrent avec une grace inimitable vers la terre : ses bras, comme chargés d'un poids accablant, prirent la même direction : un œil vulgaire lui aurait trouvé l'attitude du crime qui se punit par ses remords, quand son ame pure était le Sanctuaire auguste de la Divinité.

L'émotion que je témoignai à Fatime, et qu'elle faisait naître en moi pour la première fois, la reconcilia bientôt avec elle-même : sa sérénité revint avec les témoignages de mon admiration. Elle me conta alors, avec toute l'ingénuité de l'innocence qui n'a pas succombé, les attentats du fils du Bacha de Belgrade : je l'écoutai avec transport, et je sentis aux battemens redoublés de mon cœur que l'ivresse de l'Amour n'éteint pas toujours l'enthousiasme pour la Vertu.

## SI LE CRIME SATISFAIT,
### REND HEUREUX.

En retournant avec Fatime dans la maison de plaisance de son père, notre entretien roula sur le dernier péril auquel elle venait d'échapper : « J'ignore, disait-elle, si ce
» jeune insensé voulait ma mort comme mon
» opprobre ; mais il m'embarrassait par ses
» sophismes autant que par sa témérité : *tu*
» *m'accuses, fille de Soliman, d'attenter à*
» *ta vertu : eh que m'importe ta vertu ?*
» *Moi, je ne puis être heureux que par le*
» *crime, et je le deviendrai: ne t'en prends*
» *qu'à ta beauté de l'incendie de mes sens.*
» *Mes droits sont dans ma force, et mon*
» *apologie sera dans ma victoire.* »

Ainsi pouvait raisonner, répondis-je, un scélérat bien connu de la moyenne Italie, le trop fameux Borgia, lorsque le Pontife de Rome, Jules II, le menaçait du dernier supplice. Tu connais, Fatime, ce bâtard

d'Alexandre VI, qui avait pris pour sa devise:
*Être César, ou n'être rien*, et qui, s'il avait
eu plus de génie, aurait été l'un et l'autre
à-la-fois.

« De quoi m'accuse ton Sacré Collége?
» Il ne dépendait pas plus de moi de naître
» vertueux que de ne pas être le fils illégitime
» d'un Pape. Quand j'ai assassiné le Duc de
» Candie, mon frère, je n'ai fait que suivre
» l'impulsion de la nature : elle me disait
» qu'un Sage obscur ne vaut pas un Souverain
» parricide.

» Il est vrai que j'ai empoisonné divers
» Cardinaux, que j'ai appelé l'ennemi en
» Italie, que je me suis constitué le tyran
» de plusieurs villes libres ; mais telle était
» ma destinée, comme la tienne est de gou-
» verner avec modération et de me retenir
» dans les fers.

» Je trouve ma félicité à ensanglanter ma
» Patrie, comme Titus et Trajan trouvaient
» la leur à s'en faire adorer. Suis-je libre de
» ne pas céder à la pente qui m'entraîne vers
» ma félicité?

» Tu m'opposes des loix ! Ces loix sont

» l'ouvrage des hommes, et moi je suis celles
» de la nature.

» Il y a autant de démence à toi de me
» menacer du dernier supplice, parce que
» j'ai suivi mes penchans, qu'à un Philosophe
» de frapper un Aveugle-né, parce qu'il
» n'entend pas un traité d'Optique.

» Si tu trouves ton bonheur à me faire
» périr, uses de la loi du plus fort; j'y con-
» sens : mais ne m'opposes pas des principes
» que mon cœur m'empêche d'adopter;
» frappe, mais ne raisonne pas. »

A cette théorie de la Scélératesse, j'aurais pu joindre le texte d'un livre qui commençait, à cette époque, à se répandre en Europe, et que sa morale perverse condamnait à une injuste célébrité : ce texte est consigné dans l'*Esprit* d'Helvétius. *Il y a*, dit ce Philosophe, *des hommes si malheureusement nés, qu'ils ne sauraient être heureux que par des actions qui les mènent à l'échafaud.* Il est vrai que l'homme de bien à qui ce blasphème et quelques autres de ce genre échappèrent, entraîné par une imagination ardente qui le maîtrisait, n'avait point vu toutes les conséquences anti-sociales qu'on pouvait tirer de ses systêmes ; il était trop heureusement né pour encourager au crime les êtres faibles que sa plume venait éclairer ; et il suffisait de descendre dans cette ame pure, pour y lire la réfutation la plus victorieuse de ses paradoxes.

Quoi ! Héliogabale ne pouvait être heureux qu'en violant toutes les Dames Romaines, et Néron en mettant sa Patrie en cendres ! Eh ! que deviendrait le genre humain, s'il prenait envie à cinq ou six monstres couronnés de réaliser le vœu frénétique de Caligula, et de ne rendre leur règne heureux qu'en changeant le Globe en désert ?

Non, non, la Nature n'est point en contradiction avec elle-même : elle n'a point de caprice qui tende à anéantir ses loix éternelles : elle ne dit point à un individu : Je t'ai créé pour te faire adorer des hommes, et à un autre : Je t'ai fait naître pour les égorger.

Les Tyrans de la Terre n'y sont pas jettés pour la désoler, comme un Tigre semble jetté dans une forêt pour déchirer des Cerfs.

La Nature s'est contentée de placer dans les tempéramens de feu le germe des grandes passions : ce germe heureusement développé produit Socrate ou Henri IV ; mais modifié par une éducation perverse, par une morale atroce, ou par l'exemple de la scélératesse qui triomphe, il fait des Catilina, des Christiern, ou des Héros Révolutionnaires.

Il n'y a qu'un moyen de réfuter le ravisseur de Fatime et le manifeste du bâtard d'Alexandre VI, c'est de nier d'une manière absolue le paradoxe du livre de l'*Esprit*. Alors les scélérats n'ont plus de défense, les Souverains des Etats libres ont droit de maintenir leurs loix, et la Providence est justifiée.

Un grand nombre d'années après cet entretien avec la fille de Soliman, j'eus occasion de parcourir la France, alors dévastée par la hache décemvirale. J'y partageai même la gloire de la plupart de ses gens de bien : mes mains glacées par l'âge y furent chargées de fers. Cette leçon terrible ne fut pas perdue pour mon expérience. J'y vis une démonstration toute neuve du néant du bonheur, dans le scélérat qui jouit : c'est la volupté calme du Sage qui, en luttant contre l'infortune, semble essayer son immortalité.

Ce second tableau, si fait pour reposer un moment l'imagination, que le premier a flétrie, me paraît digne des regards du Philosophe ; et je vais en consoler la vertu d'Éponine.

# DE L'HOMME VERTUEUX,
## PAR EXCELLENCE,
## AUX PRISES AVEC L'ADVERSITÉ.

On venait de me transférer à Port-Libre : c'est ainsi qu'on appelle une Bastille Républicaine, érigée par des Esclaves, pour détenir provisoirement l'Homme libre, jusqu'à ce qu'il monte à l'échafaud. Mille à douze cents prisonniers, d'âge, de sexe et de rang divers, mais tous égaux par le sentiment amer de leur infortune, vinrent, tour-à-tour, m'assiéger de leurs regards. A un angle du mur, était assis un Vieillard, inaccessible au tumulte, seul, au milieu de la foule, et qui travaillait, en se jouant, à une urne de carton, prête à s'arrondir sous sa main en forme de monument funèbre; il ne remarquait personne, et cette insouciance me le fit remarquer : c'était un Homme sans physionomie, d'une taille commune, et vêtu plus que simplement, qui semblait tenir à la Caste Plébéienne des Souverains du moment, plutôt qu'à la classe détrônée des Aristocrates; cependant, me rappellant qu'un corps vulgaire avait logé autrefois l'ame sublime de Socrate, je suspendis mon jugement; et m'approchant du Vieillard, j'eus avec lui cet entretien.

### PLATON.

Pardonne, ô Vieillard, si je trouble un moment ton loisir : mais l'âge nous unit, ainsi que le malheur, et j'ai quelque droit à ton accueil.

### MALESHERBES.

Eh ! devrait-on être malheureux, quand on a acquis, de son expérience, le droit de raisonner son malheur ?

### PLATON.

Je le serais moins, si je voyais le Grand Homme que mes yeux cherchent par-tout, dans cette lugubre enceinte.

### MALESHERBES.

Je ne connais point ici de Grand Homme : le sentiment pénible de la douleur, ou du moins de l'ennui, qui semble peser sur toute cette Prison, annonce assez qu'elle ne renferme que des Hommes.

D'ailleurs, ne profanons point, par des adulations contemporaines, un titre auguste qui ne doit être décerné que par l'Histoire. Solon voulait qu'un Homme ne fût censé heureux, qu'après sa mort. Moi, je ne connais de Grand Homme, que celui dont les

Générations qui doivent le suivre, feront l'apothéose.

### PLATON.

Ma raison a le courage de devancer le jugement des siècles. Platon, le premier de mes ayeux, déifiait Socrate, buvant la Ciguë : et moi, j'appelle à l'immortalité, le Sage vertueux que sa Patrie ingrate ose méconnaître, le Démosthène du Protestant, trop long-tems opprimé, le Ministre, le Défenseur, et sur-tout, l'Ami sensible de Louis XVI.

### MALESHERBES.

Oui, le Vieillard que tu cherches fut un Ami sensible; mais il ne fut que cela. Tu vois cette Urne funèbre, façonnée de ma main, et que je me surprends quelquefois à arroser de mes pleurs : eh bien...! ce n'est pas ma cendre qu'elle est destinée, un jour, à renfermer.

### PLATON.

Ta voix s'affaiblit ; ta main tremble, et je soupçonne ton secret.

MALESHERBES.

Il n'en est point pour Platon ; et tu vois Malesherbes.

PLATON.

L'émotion que tu me causes me rappelle les anciennes jouissances de ma sensibilité.... A ta vue, ma vieillesse a disparu, et j'ai retrouvé mon cœur.

Mais, par quelle étrange fatalité, toi qui as tant honoré ta Patrie, aux yeux de l'Europe, sembles-tu réjetté, avec ignominie, de son sein? Des Prisons d'État devaient-elles être le dernier asyle de l'Homme d'État, qui se plaisait à les fermer? Et le Sage qui, sous un Règne absolu, rendit inutiles tant de Lettres-de-cachet, pouvait-il s'attendre, sous un Régime libre, à expier, par une Lettre-de-cachet, non ses crimes, mais ceux d'un Comité de Gouvernement?

Oui, tu fus libre, Malesherbes, lorsque la liberté était un crime : ton génie, alors, parlait plus haut que la puissance du trône, et ta vertu conjurait, en secret, pour préparer la plus pure des Républiques.

Je me rappelle, avec enthousiasme, la première audience que tu donnas, au Louvre, à l'époque de ton Ministère. Les Courtisans qui t'entouraient, recherchaient péniblement, dans quelle place de la Capitale on érigerait une Statue au dernier Roi des Français : *je ne vois*, dis-tu, *qu'un endroit digne de ce monument ; c'est la Bastille.* Le mot était sublime ; il présageait le renversement de ce repaire des Louis XI et des Richelieu. Aussi, ne fut-il entendu que de quelques Philosophes.

MALESHERBES.

Platon me rappelle un mot émané de mon cœur, et que mon esprit avait oublié. Il ne faut pas qu'il soit tout-à-fait perdu. Je vais dessiner, autour de mon Urne cinéraire, un Sage couronné, qui repose sur les décombres d'une Bastille.

En ce moment, on entend un Geolier, à voix sépulcrale, qui crie dans les corridors de Port-Libre : *Voici la liste des jugemens du Tribunal Révolutionnaire* ; car, quand on proscrivait tous les papiers publics, celui-ci avait accès dans les prisons : et c'était un des rafinemens des Phalaris de la Révolution Française, de montrer long-tems le glaive de la tyrannie suspendu, avant de le laisser tomber sur la tête des victimes. Cette liste, composée des noms les plus purs en dignités, en lumières et en vertus, faisait bouillonner mon sang, et hérisser mes cheveux. Pour l'illustre Vieillard, il avait l'air aussi calme, que s'il eût siégé au Louvre, comme Chef de la Justice, et que les Juges Révolutionnaires eussent pris sa place dans la prison. A chaque nom distingué qui semblait sortir de l'urne de Minos, il levait sa tête vénérable, disait froidement : *Il fut mon ami*, ou bien : *Je le connaissais par sa renommée*, et il se remettait paisiblement à l'ouvrage.

### PLATON.

Je m'étonne qu'à un cœur brûlant de sensibilité, on réunisse une tête si froide. J'aurais cru que le sort de tant d'infortunés, assassinés par la Loi, pouvait arracher quelques plaintes, même à un Philosophe.

### MALESHERBES.

Je ne plains que les vrais infortunés, c'est-à-dire, ceux qui sont obligés de nous survivre.

### PLATON.

Ainsi, pour que l'Homme de bien échappe à l'infortune, ta Philosophie le condamne à mourir.

## MALESHERBES.

J'ai eu, autrefois, entre mes mains, la destinée de quelques Hommes, et je n'ai condamné personne à cesser d'être : aujourd'hui, je condamnerais encore moins au supplice bien plus affreux de vivre.

Ce mot de supplice étonne, quand c'est l'Homme le plus tolérant qui le prononce ; quand il semblerait si doux de vivre sous un Gouvernement libre, de vivre avec le Père respectable d'Éponine : mais ici, l'opinion sévère que j'annonce, n'est pas en contradiction avec ma Philosophie indulgente, ni le péril éminent que je cours, avec ma sérénité.

J'ai long-tems étudié, dans le silence des passions, le grand procès de l'Insurrection Française, avec la raison de tous les Grands Hommes, et l'expérience de tous les âges ; je ne cessais de me bercer de la douce espérance que le Peuple le plus sensible du Globe en serait le plus libre, et par conséquent, le plus heureux : c'était un songe brillant, qui durerait encore, si la foudre du Gouvernement Révolutionnaire n'était venue me réveiller.

J'ai vu ce Gouvernement, calomniateur de toutes les Loix sages que le génie a fait naître, asseoir impunément, sur le trône populaire, le spectre hideux et sanglant de l'anarchie.

Je l'ai vu promenant, sans opposition, son niveau sur toutes les têtes que la Nature appellait au commandement, appeller *Égalité des droits de l'Homme*, l'Égalité de la misère, de l'opprobre et du désespoir.

Nous avions une morale indépendante des Loix sociales; et ce Gouvernement l'a reléguée parmi les préjugés de l'Enfance.

Nous avions de l'or, et il l'a fait disparaître : du fer, pour combattre nos ennemis, et il l'a employé à assassiner nos Concitoyens.

La Nation s'honorait d'une grande propriété, de celle qui donne du prix à toutes les autres; et elle s'en honorait, depuis quatorze cents ans ; la hache révolutionnaire est venue l'anéantir.

Il nous restait un Dieu, Père de la Nature; et les Salmonée de la Révolution l'ont détrôné.

Quand une grande Nation, jusqu'ici le modèle de l'Europe, subit, sans permettre à son ressentiment le plus léger murmure, une tyrannie qui unit autant de démence, à autant de férocité, le Souverain est tombé en minorité; il n'y a plus de Pacte Social, et l'Homme de bien ne doit plus aspirer qu'à mourir.

Cependant, quand la Patrie rompt avec moi, je n'acquiers pas le droit de rompre, ni avec le Ciel, ni avec moi-même : je puis aspirer à cesser d'être, mais sans rendre ma main coupable, mais sans marquer, d'une chûte, mon passage de la vie à l'immortalité.

### PLATON.

Non, illustre Vieillard, tu n'aspireras pas à mourir. La Tyrannie Révolutionnaire a ouvert, sur la France, la boëte de Pandore; mais l'espérance y reste encore : des Sages conspirent, en silence, contre le Gouvernement le plus conspirateur qui ait jamais existé; ils triompheront, tôt ou tard, et tu retrouveras ta Patrie, et tu seras heureux de sa félicité.

MALESHERBES.

Heureux ! je le suis déjà, du moins, autant que peut l'être un Homme sans desirs, et presque sans besoins, qui, prêt de s'endormir dans le sein de la Nature, ne tient à son Entendement que par l'habitude machinale de raisonner, et à ses Sens, que par de froides réminiscences.

PLATON.

Malesherbes heureux ! et il désespère de la Patrie ! et il voit planer sur sa tête la plus effroyable des morts, la mort de l'échafaud !

MALESHERBES.

J'ai eu le tems, dans ma longue captivité, de m'apprivoiser avec cette mort, et elle ne me paraît, ni plus humiliante, ni plus douloureuse que celle de Socrate.

Tu sais, Père respectable d'Éponine, que l'Égyptien, au milieu de la gaîté de ses Festins, promenait la tête d'un Squelette, autour de ses Convives : je tirerai parti de cette

cette idée philosophique. Quand l'urne funèbre que je façonne, au gré de ma reconnaissance, sera terminée, je commencerai celle que je destine à renfermer ma cendre. Tous les jours, j'imaginerai quelque ornement nouveau à la plinthe, quelque allusion heureuse dans les bas-reliefs, quelque inscription au massif qui doit lui servir de base; et quand la mort viendra, accoutumé, depuis long-tems, à jouer avec elle, au lieu de fuir devant sa faulx, je lui indiquerai où elle doit frapper.

Une grande rumeur se fait entendre : c'est le Concierge de Port-Libre, qui, escorté de quelques Assassins, en uniforme de Gendarmes, vient annoncer au vertueux Malesherbes qu'il va être traduit au Tribunal Révolutionnaire. L'allarme se répand, en un instant, dans toute la Prison : on accourt de chaque cachot : on se précipite sur le lieu de la scène : tout le monde contemple, dans un lugubre silence, cette tête vénérable, sur laquelle la hache du Bourreau est déjà suspendue : mais personne n'ose exhaler l'indignation profonde dont il est pénétré; tant on craint que les regards dévorans des Tyrans subalternes ne calomnient la sensibilité de l'Observateur! Malesherbes, seul, était calme; il semblait ne regretter qu'une seule chose, c'est que son Urne ne fût pas achevée, avant qu'on lui lût sa Sentence. Je m'approche de lui, la pâleur sur le front, et la mort dans le cœur.

#### PLATON.

Illustre Vieillard, j'ai cru à la Patrie, tant que j'ai espéré que tu vivrais.

#### MALESHERBES.

Crois-y encore, digne Étranger; cette assurance est la dernière illusion du Sage : elle élève l'ame plus haut que le malheur. Si le second Brutus ne l'avait pas repoussée, à l'approche de son suicide, il n'aurait pas flétri ses derniers momens, par son blasphême contre la Vertu.

#### PLATON.

Avec quelle sérénité, tu me proposes de croire à une Patrie, qui n'existe plus que dans ton cœur, et dans les livres des Philosophes ! et cette sérénité, comme elle contraste avec notre effroi ! On dirait que l'approche d'une mort qui va flétrir la France, à jamais, est moins douloureuse pour le Sage, qui doit la subir, que pour les infortunés qui en seront les Spectateurs.

#### MALESHERBES.

J'ai droit d'être sans trouble, parce que je suis sans remords.

J'irai au Tribunal, et je converserai paisiblement avec ceux mêmes de mes Juges qui m'ont déjà condamné, avant que j'aye comparu.

Arrivé à l'échafaud, je converserai, en silence, avec la mort, jusqu'à ce que je tombe dans son sein.

Avec de tels principes, on est, peut-être, plus heureux, en quittant la vie, comme Socrate, qu'en la faisant perdre, comme Anitus; car le bonheur de l'oppresseur ne peut être pur comme celui de sa victime...

Concierge sensible de cette Prison, je te rends dépositaire de cette Urne, ouvrage de ma main glacée, dont tu dois long-tems ignorer l'usage. Tu remettras ce monument funèbre aux Législateurs de la France, lorsqu'ils auront le courage d'ériger un nouveau Panthéon.

Platon, je te charge du soin de ma mémoire: j'ai de l'orgueil, en cessant d'être, de te devoir un jour mon immortalité.

# D'UN HYMEN HEUREUX,
## PAR LA VERTU.

J'ai rompu un moment, céleste Éponine, le fil de mes voyages aux Terres Australes du bonheur : mais si j'ai interverti l'ordre des tems, c'est pour conserver l'ordre des idées : maintenant je n'ai plus besoin de quitter le burin fidèle de l'Histoire, et c'est la Vérité même qui me mène par la main au dénouement.

Quand la fille de Soliman promettait de me rendre, tôt ou tard, heureux par la Vertu, elle ignorait à quel prix elle devait acheter un jour le droit de lire dans l'avenir ma destinée : enfin, le livre de la fatalité se déroula ; Fatime devint le plus infortuné des êtres, et moi, je commençai à en être le plus heureux.

On connaît les révolutions des Cours de l'Orient ; l'Homme le plus pur n'y est jamais impunément en faveur ; le Souverain qui l'élève ne fait d'ordinaire que parer sa victime : un jour Soliman était venu remercier le Grand Seigneur d'une place éminente qu'il venait de lui accorder dans le Divan. En rentrant dans sa maison, il la trouve investie par un corps de Janissaires ; il demande le motif de cet acte de violence, et pour toute réponse, on l'arrête lui-même : à peine a-t-il le tems de m'écrire un billet qu'il cache dans le sein de Fatime, au moment où elle l'embrassait pour la dernière fois : ensuite l'Aga le fait mettre à genoux, lui lit l'ordre émané de la même main Impériale, qui, quelques heures auparavant, avait signé sa promotion au Divan, et d'un coup de cimeterre fait tomber sa tête.

On sait que la hache du Despotisme Oriental ne frappe jamais ses victimes à demi : le Sultan hérite de ses Favoris, quand il les assassine ; et il ne reste guères d'autre ressource à la fille d'un proscrit que de mendier le pain de l'indigence, ou des honneurs plus flétrissans encore à la porte d'un Sérail.

J'étais à Athènes, quand une intrigue

d'Eunuques amena la chûte de Soliman ; la Renommée qui n'a des ailes que quand il s'agit de propager des nouvelles sinistres, m'apprit bientôt la catastrophe de mon bienfaiteur : je me recueillis un moment. Mon ame aggrandie par l'exemple des Héros dont j'étais issu, ne tarda pas à s'ouvrir à une jouissance d'un ordre sublime ; et j'écrivis, comme par inspiration, une lettre à Fatime, qu'un Disciple de Socrate n'aurait peut-être pas désavouée.

Pendant que je cherchais un esclave pour porter cette lettre à Constantinople, on m'annonce une inconnue qui demande à me parler de la part de la fille de Soliman : je vole au-devant d'elle : une femme voilée se présente ; son vêtement abject, ses mains brunies par le Soleil, le désordre de sa chaussure, tout annonçait, à mes yeux prévenus, une obscure Villageoise ; je cherchai, en étudiant le son de sa voix, à pénétrer si elle était de la maison de Fatime ; mais cette voix altérée par un long voyage fait à pied, et surtout par la douleur, ne m'indiqua aucune des esclaves qui avaient été au service de l'infortunée : je ne songeai point à ravir un secret qu'on ne m'offrait pas ; mais pour mettre l'inconnue à l'aise sur ses confidences, je la fis entrer dans le réduit le plus inaccessible de ma maison, dans ma galerie de tableaux.

Platon, me dit-elle d'une voix étouffée par les sanglots, Fatime n'a plus de père et n'aura jamais d'époux : de tous les biens dont tu l'as vue jouir, il ne lui reste que l'honneur : deviens-en, à ton gré, ou le possesseur ou le dépositaire. Quel que soit l'arrêt que tu vas prononcer, elle l'exécutera : son orgueil est plus flatté d'être esclave ici que Reine dans un Sérail.

Ce discours, interrompu vingt fois par des gémissemens qui émanaient du cœur, me causa une sorte d'émotion vertueuse, que, dans le feu de mes amours avec la Thessalienne, je n'avais pas été à portée de ressentir : l'idée sur-tout que j'avais droit de profaner, en maître, des charmes, que je ne pouvais posséder en qualité d'époux, m'offrait l'image la plus sinistre du désespoir de Fatime : comme, dans le trouble qui m'obsédait, ma réponse mal concertée expirait dans ma bouche, je pris le parti de conduire en silence l'inconnue auprès du tableau de *la Continence de Scipion* ; ce beau trait de la Grandeur Romaine, rappellé en un pareil moment par une ame profondément émue, devenait, au défaut de ma voix, la plus sensible des allégories.

Scipion, dans la peinture, était censé avoir fait à sa belle captive la réponse magnanime que lui prête l'Histoire : *Je n'use des droits que tu me donnes, que pour les rendre à ton époux* : la Princesse tombait à ses pieds, et le Héros, en la relevant, semblait lui dire ces mots gravés en relief sur la bordure :

> Garde ton or, avec ton innocence :
> Un Romain parle en maître à son cœur combattu ;
> C'est en respectant ta vertu
> Que je me fais un titre à ta reconnaissance.

La moralité de cette espèce d'Apologue ne fut point perdue pour la personne qui cherchait à lire dans ma pensée : une larme de sentiment coula sur ma main, qui la soutenait, et je ne vis plus en elle une humble Villageoise.

Cependant, on me demandait une réponse précise : comme elle avait été faite par mon cœur, avant que l'envoyée de Fatime l'eût interrogé, je décachetai ma lettre à la fille de Soliman, et je la lus à l'inconnue : elle était conçue ainsi :

« Ton père, Fatime, a, par ses bienfaits,
» remplacé le mien : il m'a permis de te
» nommer ma sœur : nous sommes de la
» même famille, et le coup affreux du des-
» potisme, dont tu gémis, nous a tous deux
» rendus Orphelins.

» La proscription n'a rien changé aux liens
» sacrés qui nous unissent, parce que la
» tyrannie ne fait point rétrograder la Na-
» ture. Soliman, victime d'une intrigue de
» Sérail, n'en fut pas moins mon père : sa
» fille que le crime heureux prive de tout
» ce qui lui fait chérir l'existence, n'en est
» pas moins ma sœur.

» Puisque l'égalité sociale, détruite par la
» force, peut être rétablie par la morale, tu
» n'es pas, Fatime, aussi infortunée que
» ton cœur te l'annonce ; je partageais ta for-
» tune au tems de ta prospérité, la moitié

» de la mienne doit t'appartenir, de droit,
» puisqu'elle n'a pas été enveloppée dans ton
» naufrage.

» Cette partie du patrimoine de mes pères
» devient donc ta légitime, et je me hâte de
» te l'annoncer, parce que ta fierté ne doit
» pas descendre à me demander un azyle ;
» parce que ma délicatesse serait blessée,
» si tu regardais une dette sacrée que je
» paie, comme une forme ingénieuse desti-
» née à voiler un bienfait.

» Viens donc, ô fille de Soliman, embellir
» par ta présence une retraite, où déjà t'at-
» tendent tes esclaves ; viens m'y entretenir
» de notre perte commune, et par les graces
» touchantes de ta douleur, quelquefois me
» la faire oublier.

» Mais quel sera le titre sous lequel Fatime
» viendra commander à Platon, à la moitié
» d'elle-même ? Le nom de Sœur serait
» empoisonné par ces Hommes pervers qui
» ne croient ni à la pudeur de Lucrèce, ni à
» la continence de Scipion ? Celui de Favorite
» plongerait dans la fange de l'opprobre, un
» couple fait pour s'estimer, et qui, d'après

» tes principes, ne peut aller au bonheur
» que par la vertu.

» Il ne reste, peut-être, qu'un nœud vrai-
» ment digne de nous : mais s'il y a une
» sorte de grandeur d'ame à te l'offrir, au
» milieu de ton infortune, il y a aussi une
» sorte de tyrannie à en faire un devoir à ta
» reconnaissance.

» Ton cœur est pur, fille de Soliman,
» jamais il ne connut d'autre besoin que
» celui de la bienfaisance ; il mérite, s'il se
» donne jamais, les prémices de celui d'un
» époux.

» Mais moi, enlacé long-tems dans les
» pièges d'un amour dont je rougis, moi qui,
» ayant sous les yeux Fatime, le chef-d'œuvre
» de la Nature, osai brûler pour une Thessa-
» lienne, suis-je digne de m'élever jusqu'à
» toi ? Au reste, je te fais l'arbitre suprême
» de ma destinée. Si l'offre de ma main ne
» te dégrade pas ; si tu ne crains point que
» l'image d'une rivale, que j'ai abandonnée à
» ses remords, me poursuive jusqu'à l'autel
» où tu recevras ma foi ; viens règner ici
» sous le titre le plus révéré ; je me livre

« sans réserve à ta vertu, et j'accepte tes
» bienfaits «.

Cette dernière phrase n'était pas encore prononcée, que l'inconnue était à mes genoux, précisément dans l'attitude si pittoresque de la Captive, au Tableau de la Continence de Scipion : je soulève, d'une main timide, le voile qu'une pudeur vertueuse n'avait fait qu'entr'ouvrir, et je reconnais la fille de Soliman.

Homme sublime, me dit-elle, voici un billet que t'écrivait mon père, au moment où le cimeterre allait faire tomber sa tête : mon cœur me dit qu'il renfermera ma réponse.

Ce billet, tracé d'une main tremblante, n'offrait que ces mots : *Je meurs ; ma fille me survit : je la lègue à Platon, comme au plus Homme de bien du Péloponèse : et si mon dernier vœu n'est point repoussé de son cœur, Fatime n'aura rien perdu par mon supplice.*

Ainsi, m'écriai-je avec une sorte de volupté de l'ame, que les jouissances ordinaires ne donnent pas, Soliman m'a connu; et avant que son ordre fût tracé de sa main mourante, je l'avais exécuté.—

Oui, me répondit Fatime, tu as surpassé l'attente de mon père et la mienne : je voulais te mener au bonheur par la vertu ; mais ton cœur t'a tout dit, et je n'ai plus rien à t'apprendre.—

Être céleste, il reste dans ce billet un nuage que toi seule peux dissiper. Soliman te lègue à ma tendresse ; mais à qui s'adresse ce don sublime ? Est-ce à un père ? Est-ce à un époux ?—

Platon, la cendre de Soliman est encore fumante : j'entends rouler encore autour de ma tête le tonnerre épouvantable du Despotisme qui l'a frappé : est-ce le moment de sentir toute sa félicité... ? de l'exprimer, du moins ? —

Ainsi, quand le tems aura mis quelque baume sur ta blessure, quand mes soins consolateurs t'auront rendu une partie de ta sérénité, tu éclairciras mes doutes : tu me diras si tu aimes mieux envisager en moi Platon que Soliman.—

Je te répondrai alors, que c'est Platon seul

qui me déroba à l'infortune... et cette réponse... je la ferai à l'autel.—

Toute cette journée fut pour moi une source féconde de jouissances, et je m'y livrai avec d'autant plus de volupté, qu'elles ne fatiguaient pas la tête comme celles de l'entendement, ni les sens, comme celles de l'amour : il semblait qu'émanées du Ciel, elles avaient le calme et la pureté de leur origine.

Cependant, quelques douces que fussent ces jouissances, elles n'étaient pas à l'abri des atteintes du tems ; leur activité s'émoussait par le défaut d'usage. Les Scènes de Bienfaisance offraient des entr'actes comme celles de l'Amour : une pareille découverte, à laquelle j'étais bien loin de m'attendre, confondit toutes mes idées : convaincu que je ne pouvais être exclusivement heureux par la vertu, je ne voulus plus l'être ; et, prêt d'arriver au port, je fus sur le point de me rejetter, sans pilote et sans Astronomie, dans la Mer des naufrages.

La fille de Soliman me sauva ma dernière faiblesse. Il semblait réservé à cet Être céleste de me mettre sur les voies de la vraie Théorie du Bonheur, puisque, sans l'Hymen heureux qu'elle me fit contracter, je n'aurais jamais été introduit dans son Sanctuaire.

Parmi les débris de son naufrage, qu'on lui avait permis de recueillir, était un manuscrit des *Réflexions morales* de Marc-Aurèle, écrit en grec sur du Papyrus Égyptien, dont l'ignorance Ottomane était loin de soupçonner le prix. Ce livre, outre le fini des caractères et sa haute antiquité, avait un avantage qui le rendait inestimable ; on lisait, aux derniers feuillets, un opuscule, qui jusqu'alors avait échappé aux recherches de tous les Bibliographes : c'était un *Songe sur le Bonheur*, destiné à approfondir, en quelques pages, ce que des Philosophes, qui avaient écrit plusieurs volumes, n'avaient fait qu'effleurer.

Marc-Aurèle dormait peu, parce qu'il gouvernait cent millions d'hommes ; il pensait pendant la nuit au bien qu'il pourrait faire, et il s'occupait pendant le jour à l'exécuter.

Cependant, les forces de son corps ne répondaient pas à la vigueur de son intelligence ; il s'assoupissait quelquefois malgré lui ; alors il lui échappait des songes : et quels songes ? Ils prolongeaient la douceur de son existence ; ils étaient sereins comme l'ame de ce Grand Homme.

L'Opuscule que je traduis ici, n'est point un monument indifférent à la Morale. Un songe de Marc-Aurèle est plus utile au genre humain que le réveil de vingt Rois.

MARC-AURÈLE

Havret sculp.

# SONGE
## DE MARC-AURÈLE.

L'an douzième de mon Empire, le 5 des Calendes de Mars, vers la troisième veille de la nuit, les Dieux m'honorèrent d'un Songe, moins pour me récompenser du peu de bien que j'ai fait au Monde, que pour m'encourager à exécuter tout celui que je voudrais faire.

Je me vis transporté, en un instant, dans la Sphère brillante où réside Demiurgos, le Géomètre par excellence. Tous les Dieux étaient rangés autour de son trône. Quand on les voyait hors du Palais, l'œil ne pouvait soutenir l'éclat de leur majesté ; mais, dans le Palais, on n'était frappé que de la splendeur de Demiurgos.

« Approche, Marc-Aurèle, me dit l'Être
» des Êtres : tu fais le bonheur de tes égaux,
» dans la petite fourmillère que tu gouver-
» nes : je veux t'apprendre à y faire le tien,

» avant que je te mette au nombre de ces
» Intelligences, qui portent mes Loix, dans
» les mille Soleils que j'ai allumés, au sein
» de l'Espace ».

J'étais tombé aux pieds du Grand Être, et je croyais n'exister que par le sentiment de la reconnaissance, lorsqu'un nouveau spectacle vint réveiller ma curiosité. Tout-à-coup, un nuage qui était au-dessous de moi s'entr'ouvre, et j'apperçois une espèce de Sybarite, couché sur un lit de Roses, auprès d'une jeune Beauté, à demi-nue ; il chantait, à demi-voix, en me regardant :

 Faible mortel, né pour mourir,
Laisse-toi consoler, par la voix d'Épicure :
Que ta vertu consiste à ne jamais souffrir.
Veux-tu te réveiller, au sein de la Nature ?
Viens t'endormir dans les bras du plaisir.

M'endormir ! dis-je alors, en moi-même : non, non, mon ame est trop active, pour s'accommoder d'une félicité qui ne serait qu'un songe. — On m'épargna le soin de réfuter Épicure. Je vis un groupe d'infortunés s'approcher du lit de repos, maudissant la Philosophie et l'existence : je distinguai, parmi eux, ce Sénateur célèbre, qui engraissait, de la chair de ses Esclaves, les Murènes de ses viviers; ce Vitellius, qui ne régna que pour manger, et cette Messaline que le plaisir fatiguait, sans la rassasier, et qui prostitua, pendant tant d'années, à la plus vile populace de Rome, le sein qui avait porté Britannicus.

Un petit Homme, fort replet, et sans barbe, se sépara de la troupe, et vint dire, d'une voix féminine, au Sybarite : « ne suis-
» je pas, ainsi que toi, le fils de la Nature?
» Pourquoi donc n'ai-je jamais connu le
» plaisir? Suis-je condamné à être toujours
» malheureux, parce que je suis né mal
» organisé? »

Le Demi-Homme avait raison. Le plaisir dépend de la vigueur de la santé ; la santé, du méchanisme des organes : mais ce méchanisme dépend-il de moi ? Si donc, la Nature s'est oubliée, en me formant, il me semble aussi impossible de faire mon bonheur, que de me créer de nouveaux Sens. Je ne sais : mais la théorie d'Épicure a bien l'air d'un blasphème contre la Providence.

« O mon Maître, dit le Philosophe Lucrèce, ton système sur le bonheur n'a jamais fait le mien : cependant, j'étais né riche, robuste et voluptueux : les trois parties du Globe contribuaient au luxe de ma table : mon Palais ne cédait, en magnificence, qu'à celui de Lucullus : j'aimais avec emportement, et j'étais aimé de même. J'ai cherché le bonheur par-tout, et ne l'ai point trouvé, parce qu'il n'était point en moi. Lucilia, qui desirait aussi d'être heureuse, à sa manière, me donna un Philtre, pour me rendre plus amoureux. Ce Philtre me rendit frénétique. C'est dans les intervalles de mon délire, que j'interprétai tes principes, sur la nature des Êtres : je finis, enfin, par me tuer, à peine parvenu à l'âge de quarante-deux ans, ayant goûté de tout, mais n'ayant joui de rien, environné de Disciples que j'instruisais, sans être persuadé, moi-même, et Chef d'une Secte dont je ne serai jamais ».

Le Chantre harmonieux de la Nature s'assit, en soupirant, sur les débris d'une colonne tronquée, qui lui servait de tombeau, et le premier des Césars prit sa place.

« La Nature, dit cet Homme célèbre, sem-
» blait m'avoir formé pour être l'enthousiaste
» d'Épicure : on me nommait le Mari de
» toutes les Femmes, et la Femme de tous
» les Maris; mais je n'en étais pas plus for-
» tuné. Je possédais, et ne jouissais pas ;
» et quand mon délire voluptueux était
» calmé, je retrouvais, au centuple, le sen-
» timent pénible de mes malheurs et de mes
» attentats. Je ne me rappelle que deux ins-
» tans de ma vie, où le plaisir m'ait rendu
» heureux : c'est, lorsqu'en pleurant sur la
» Statue d'Alexandre, je me sentis la force
» d'égaler ce Héros; et lorsque percé, au
» milieu du Sénat, de vingt-deux coups de
» Poignard, j'eus la générosité de pardonner
» à mes assassins. Le reste de ma carrière,
» je n'ai point vécu ».

César parlait encore, lorsqu'un spectacle effrayant ramena mes regards du côté d'Épicure. Je ne vis plus ce couple envié, ivre d'amour et de joie, dont les bras enlacés, la voix éteinte et les ames confondues, semblaient attester le charme de leur existence. Pendant qu'on parlait autour des deux Amans, le plaisir était déjà loin d'eux : les Roses de leur teint se flétrissaient, et le feu de leurs regards commençait à s'éteindre. Bientôt, la Métamorphose entière s'achève : les deux Amis de la volupté deviennent des Squelètes, qui ont horreur de s'embrasser : le lit de fleurs, sur lequel ils reposent, prend insensiblement la forme d'un tombeau, et Épicure, d'une main glacée, écrit ainsi son Épitaphe :

> Ci gît le sensible Épicure :
> Il définit et chanta le plaisir ;
> Mais, même en le goûtant, il en vit l'imposture.
> L'Homme a des Sens, et ne sait point jouir :
> Il est créé par la Nature,
> Pour chercher le bonheur, l'ignorer, et mourir.

Je vis ce désastre sans effroi, car j'étais auprès de Demiurgos : je me sentais pénétré de son essence, et je partageais sa sérénité.

A peine les images se furent-ils réunis sur le tombeau d'Épicure, que je vis se former, tout-à-coup, un Édifice aërien, dont la base était sur la Terre, et le comble semblait soutenir le Palais de Demiurgos. Une multitude d'Intelligences remplissait l'intervalle des deux Planètes, et formait une chaîne immense, dont un Génie, placé sur la Terre, tenait le premier anneau.

Ce Génie était un Philosophe, qui paraissait absorbé dans de sublimes méditations. Son imagination brillante s'occupait à créer des rapports entre le Grand Être, et les Insectes raisonneurs qui rampent sur la Terre : les Sectaires se pressaient, avec fracas, autour de lui : d'indignes Rivaux tâchaient de le punir de ses talens; mais il écrivait à la lueur des flambeaux que l'Envie faisait luire autour de lui. Tant qu'il ne s'occupa qu'à méditer, je le pris pour Archimède; mais il parla, et je reconnus le plus célèbre des Disciples de Socrate.

« Athéniens, dit-il, je vous vois rougir
» d'avoir empoisonné mon Héros, parce
» qu'il était plus éclairé que vous; mais ce
» n'est pas par un vain Mausolée que vous
» appaiserez sa cendre : protégez les Philo-
» sophes, honorez le Génie, cultivez la
» Vertu : c'est l'unique moyen de réparer le

« grand vide que la mort du plus sage des
» Hommes a laissé dans la Nature.

» Vous desirez d'être heureux, et vous
» suivez en cela une impulsion machinale ;
» mais il n'y a que la théorie des intelli-
» gences qui puisse vous conduire au bon-
» heur : quand l'*Être, toujours le même*,
» eut formé l'Homme avec les principes de
» l'*ame du Monde*, il lui fit part d'une lé-
» gère émanation de sa raison éternelle : ce
» n'est donc qu'en améliorant cet entende-
» ment sublime, qu'on peut se rapprocher
» sans cesse de la Divinité. Le souverain
» bien n'est que la science même de ce
» bien : apprenez à connaître, et vous ap-
» prendrez à jouir.

» L'*harmonie parfaite*, dans les Êtres,
» est si belle qu'on ne doit la rechercher
» que pour l'amour d'elle-même. Socrate
» la contemplait, lorsqu'il but la ciguë, et
» il était heureux.

» Ce n'est point aux vils Sophistes, qui
» ont persécuté le Sage, à calculer les plai-
» sirs sublimes de l'entendement. Que leurs
» ames pusillanimes célèbrent les voluptés

» des sens, elles ne sont pas faites pour
» connaître d'autres jouissances.

» Pour nous, que l'éternel Géomètre a
» pénétrés de son essence, n'existons que
» par la plus belle partie de nous-mêmes,
» élevons-nous à l'idée éternelle ; méditons,
» et nous serons heureux. »

Pendant que le Philosophe parlait ainsi, ses Disciples contemplaient l'*idée Archétype*, disputaient, sans s'entendre, sur les *abstractions*; et bâtissaient des *Mondes intellectuels* : le vulgaire écoutait en silence, et croyait partager le bonheur de ses Maîtres, en les admirant.

J'admirais aussi le Philosophe éloquent à qui on prête cette doctrine : mais je sentais que le souverain bien ne consiste pas à faire des systêmes, et que dès qu'il faut raisonner pour être heureux, le temple du bonheur est fermé pour les dix-neuf-vingtièmes des habitans du Globe.

Tandis que je réfléchissais ainsi, Demiurgos fit un signe de tête ; aussitôt le Palais aërien disparut comme un nuage léger : la grande chaîne se rompit, et le Philosophe qui semblait la tenir, ne me parut plus qu'un rêveur sublime.

A peine le fantôme brillant que l'imagination du premier Disciple de Socrate avait produit, se fut-il dissipé, que je vis à sa place une statue colossale, dont l'œil humain ne saurait calculer les rapports. Sa tête reposait dans le sein de Demiurgos, et ses pieds touchaient à un point de la dernière circonférence de l'Univers : elle avait l'œil fixé sur le torrent des siècles, qui roulait à ses côtés avec fracas, et les Mondes se pressaient autour d'elle, sans troubler sa sérénité. Aux hommages que cette Statue recevait des Dieux subalternes, et encore plus à une émotion extraordinaire qu'elle excita dans mon cœur, je reconnus la Vertu... la Vertu, la plus sublime... mais son éloge est fait, je l'ai nommée.

Je détournai ensuite mes regards vers la Terre, et je vis un Sage en cheveux blancs, revêtu de la Diploïde de Diogène, qui montrait du doigt la Statue, et disait aux Hommes : « les Générations se succèdent, » les Mondes s'altèrent, les Dieux subalternes

» s'anéantissent ; mais l'Être que vous voyez
» est éternel : toutes les Intelligences desirent
» leur bonheur, et le bonheur n'est que dans
» la Vertu. »

Ce Précepteur auguste du genre humain, ce Demi-Dieu sur la Terre, était Zénon, mon Maître, et celui de tous les Rois, qui se regardent comme des Hommes, et qui veulent gouverner des Hommes.

Tout ce qu'il y a eu de plus Grand dans l'espèce humaine composait une Cour à ce Philosophe : on y distinguait particulièrement Thraséas et Pétus, les Martyrs de la Liberté Romaine ; Sénèque qui sauva, pendant trois ans, la Terre des fureurs de Néron, et l'intrépide Caton d'Utique, qui trouva à déchirer ses entrailles, un bonheur que César cherchait en vain dans la conquête du Monde.

Zénon, toujours l'œil fixé sur le simulacre colossal de la Vertu, apprenait aux Sages du Portique à gouverner toutes les facultés de leur ame, à braver les douleurs des Sens, et à conserver un sage équilibre entre la vie et la mort. Les ennemis des lumières appellaient ces principes des paradoxes. Mais qu'on me montre des vérités, qui aient été plus utiles à la Terre que ces paradoxes.

Zénon jetta un regard sur moi, et je sentis une douce émotion : je me tournai vers la Statue, et les traits de flammes que ses yeux lançaient, embrâsèrent mon âme : cédant alors à l'activité de mon enthousiasme, je me jettai aux pieds de Demiurgos. « Être » des Êtres ! m'écriai-je avec transport, » mes vœux sont satisfaits, j'ai vu le bon- » heur : il ne me reste qu'à mourir !...

Je me retournai : déjà Zénon avait disparu : la tête du Colosse commençait à se cacher dans les nuages, et tout-à-coup il régna un grand silence dans la Nature.

Alors Demiurgos parla ainsi :

« Des atômes ont osé créer le bonheur » suprême, mais il est tout entier en moi; » et je cesserais d'être le Dieu de l'Univers, » si je le partageais avec quelque Intelligence. » Quant à la félicité bornée dont j'ai permis » à l'Homme de jouir, je l'ai exposée dans » un triple tableau aux regards de Marc- » Aurèle. Les trois principes des Philosophes

» sont bons, mais il faut les réunir : chacun
» d'eux se trompe, s'il parle seul ; et la vérité
» résulte de leur union. Fils d'Antonin, n'ou-
» blies jamais que je t'ai donné des Sens
» pour en faire un usage légitime, un enten-
» dement pour le diriger à la Vérité, et une
» volonté pour pratiquer la Vertu »

Il dit. Je vis Épicure, Zénon et le Disciple de Socrate, réunis aux pieds de la Statue de la Vertu : un nouveau trait de lumière vint pénétrer mon ame, et je me réveillai.

# APOPHTEGMES
## SUR LE BONHEUR.

LE Soleil éclairait Athènes de ses derniers rayons, quand la fille de Soliman me confia le Manuscrit de Marc-Aurèle. Je passai la nuit entière à le traduire; et cette nuit ne fut point perdue pour ma raison. Épiménide, endormi dans une Caverne, pendant un demi-siècle, se réveilla, dit-on, avec des cheveux blancs; et moi, qui avais erré tant d'années autour du bonheur, sans pouvoir l'atteindre, une nuit passée avec Marc-Aurèle me donna, tout-à-coup, cent ans de lumières et d'expérience.

J'avais dû à mes longues erreurs quelques principes sages, pour éclairer, par intervalles, les ombres de la vie : mais ces principes, jusqu'à ce moment, avaient été isolés, n'avaient point tenu par une chaîne sensible à une vérité primordiale. Le songe du Sage couronné opéra une révolution totale dans mon entendement. Dès-lors, je classai, sans peine, mes idées fugitives ; et grâce au fil Encyclopédique dont Marc-Aurèle tenait une extrémité, je vis résulter une espèce de Code du bonheur, pour toutes les classes de l'espèce humaine, d'un vain Recueil d'Apophtegmes.

Ce Recueil, rédigé d'après mes entretiens avec Fatime, appartient, de droit, à sa fille. Si le bonheur que j'ai trouvé, en l'écrivant, se rencontre, dans sa lecture, ce ne sera pas une des portions les moins précieuses de l'héritage d'Éponine.

---

Le bonheur, sans mélange, n'existe que dans la source éternelle dont il émane. L'Homme né petit et faible, n'a pas plus le droit d'y aspirer, que de travailler, de ses mains, à son apothéose.

---

Desirer, quand on n'a pas la Philosophie de Socrate, une somme de bonheur toujours égale, c'est desirer sa propre infortune. Car, l'habitude des mêmes jouissances en affaiblit graduellement l'activité ; et rester toujours au même degré, sur l'échelle du desir, c'est descendre.

———

Souhaiter une série de bonheur, toujours croissante, c'est souhaiter sa destruction : car l'imagination marchant, d'ordinaire, à pas de Géant, et les sens, à pas de Tortue, ceux-ci ne peuvent forcer leur course, sans altérer leur ressort. Si les sens restent en-deçà de l'imagination, le bonheur disparaît; s'ils vont au-delà, c'est l'Homme qui s'anéantit.

———

Le bonheur, dans l'Homme, semblerait consister à parcourir, sans intervalle, et sur-tout, sans secousse, une échelle variée de jouissances, proportionnée à la vigueur de ses organes, à la modération de ses desirs, et à la nature de sa sensibilité.

———

Il existe un mode de bonheur, pour tout individu de l'espèce humaine, quel que soit son âge, son sexe, ou son rang; qu'il cultive son jardin, avec Candide, ou qu'il fasse graviter, avec Newton, les Mondes, dans l'Espace;

l'Espace ; qu'il tienne, en Souverain, le levier de la Politique, ou qu'il cède, en Automate, à ses impulsions ; qu'il maîtrise la fortune, comme Sylla et le Cardinal Mazarin, ou qu'il subisse le plus honorable des supplices, comme Socrate, Phocion et Malesherbes.

Le Peuple est rarement heureux, parce qu'il confond les instrumens du bonheur, avec le bonheur lui-même ; et à cet égard, presque tout le monde se surprend à être Peuple, jusqu'au Sage qui, placé au centre de la Sphère, renvoie tout ce qui ne l'est pas, aux dernières limites de la circonférence.

Les richesses sont un instrument du bonheur, quand, au lieu de leur appartenir, ce sont elles qui nous appartiennent. Les honneurs le sont aussi, quand, du jour même où on les accepte, on aspire à les quitter. Il n'y a pas, jusqu'au Pouvoir suprême, qui ne puisse être une cause occasionnelle de bonheur, pour le Philosophe

Roi qui gouverne ses Peuples, en se faisant leur premier Esclave.

---

Mais le Riche comme l'Indigent, l'Ambitieux comme le Sage obscur, le Plébéien comme le Monarque, n'ont qu'un moyen de ne pas confondre l'instrument avec la cause ; c'est de ne point prétendre à être heureux par des objets qui leur sont étrangers : le bonheur est dans le cœur de l'Homme qui le cherche, ou il n'est nulle part.

---

L'Homme qui ne raisonne point le bonheur, le place dans le plaisir : c'est un préjugé dont il se corrige, quand il ne jouit pas, et qu'il reprend avec la jouissance : combien d'Êtres enviés par la multitude, qui passent leur vie à avoir du plaisir, et à être malheureux !

---

Le plaisir entre dans la composition du bonheur, mais il n'en fait pas l'essence. S'il suffisait d'avoir du plaisir pour être heureux, Tarquin le serait, quand il viole Lucrèce ; Atrée, quand il se venge de son frère par le sang d'un fils dont il l'abreuve; le Busiris de Nantes, lorsqu'il fait des *Mariages Républicains*, en noyant ses victimes. Alors il n'y aurait point de crime à blasphémer la Nature, et je brûlerais de ma main cet Ouvrage.

———

Le plaisir, quand on se trouve hors de la Nature, est une monnaie très-suspecte, qu'il faut soumettre à la pierre-de-touche de la Philosophie pour vérifier son alliage.

———

L'Auteur brillant de la *République* Grecque a dit que le plaisir était d'ordinaire en mode de génération, et presque jamais en mode d'existence, et il n'a point dit une absurdité. Dans le cours ordinaire de la vie, on jouit plus en s'occupant à faire naître le plaisir, qu'en le goûtant : c'est qu'ici l'imagination est le principe générateur, et que, trompé par son charlatanisme, l'Homme met rarement au bien qui vient le chercher la même valeur qu'au bien qu'il imagine.

———

Une Philosophie, trop sévère peut-être,

va plus loin encore; elle dit que l'Homme qui ne veut être heureux que par un mode de plaisir, s'expose à ne le connaître que par l'espoir et par la réminiscence, c'est-à-dire, quand il n'est pas encore, et quand il n'existe plus.

———

L'imagination ne séduit pas toujours par ses enchantemens : le Sage, de tems en tems, lui ôte sa baguette : il élude, par exemple, tout calcul insidieux sur la valeur du plaisir, en ne l'appellant pas, mais en le laissant venir. Xerxès promit un prix, digne du Roi des Rois, au Perse qui découvrirait une nouvelle volupté : la Nature ne promet pas, mais donne la félicité au Philosophe qui sait l'attendre.

———

Un autre préservatif contre les prestiges de l'imagination, c'est de ne point calculer la valeur du plaisir par les grands frais qu'on met à l'obtenir. Les plus simples sont toujours les plus purs, comme les plus vrais : voilà pourquoi le Philosophe qui lit *Émile*, se croyait Roi dans l'Isle déserte de Saint-

Pierre, et que les Rois, qui ne sont pas Philosophes, s'ennuient avec majesté, au sein de toutes les jouissances.

---

Un secret aussi sûr, mais bien plus rare, c'est de ne pas mettre en parallèle le plaisir simple qu'on vient de rencontrer, avec un autre plus vif qu'on ne connaît pas encore. Comparer alors, c'est annoncer qu'on se blase : c'est tuer le plaisir qu'on goûte, sans faire naître celui qu'on espère.

---

Les plaisirs des Sens sont les premiers qui promettent à l'Homme le bonheur, et les derniers peut-être qui l'en fassent jouir : cependant, on ne serait pas fondé à nier l'existence de cette félicité physique, parce qu'on a été jusqu'aux portes de la tombe, sans en avoir effleuré la coupe. Tantale n'avait pas le droit de croire que le fleuve, où il était plongé, n'existait pas, parce que son onde n'avait jamais atteint ses lèvres pour le désaltérer.

---

Je regarde les Sens comme des espèces

de Charlatans, qui, d'une main, nous montrent la volupté, et de l'autre, nous l'escamotent. Suivons avec une constance philosophique tous les mouvemens de l'enchanteur: et quand nous aurons décomposé ses illusions, nous jouirons de son secret, sans craindre ses tours de gibbecière.

———

Tous les Sens, quand on est sobre, donnent des plaisirs vrais ; tous usent notre sensibilité, sans profit pour le bonheur, quand on s'y livre avec l'intempérance d'un Sardanapale ou d'une Messaline.

———

Mon imagination me représente l'Homme, qui entre dans l'âge brillant de l'adolescence, recevant de la Nature une corbeille où se trouvent réunis les plaisirs variés des Sens. Au lieu de faire un choix, il les laisse assaillir à-la-fois tous ses organes : au lieu de les classer, suivant les différentes saisons de la vie, il se plaît à les confondre : enfin, le trésor s'épuise : et quand l'infortuné sent le vuide de la corbeille passer jusqu'à son cœur, il détourne, en soupirant, ses regards vers le passé, et dit, en cherchant le simulacre de la Nature : elle me l'avait bien dit, *il fallait jouir peu, pour jouir long-tems.*

———

Les plaisirs du sixième Sens ne deviennent un instrument du bonheur, que quand la Nature les avoue, et que la loi sociale les autorise : sans ces deux sauve-gardes, la jouissance perd son charme, parce que la paix de l'ame disparaît : et l'Homme de bien, à son approche, est toujours tenté de répéter le mot célèbre de Démosthène, lorsqu'on lui demandait un Talent d'argent pour une nuit de Courtisane : *Non, je n'achète pas si cher un remords.*

———

Lorsque l'âge de l'effervescence des passions n'est plus, le Sage se console de la faiblesse des plaisirs des Sens par la vivacité de ceux de l'Entendement : eh! qu'elles sont sublimes, ces jouissances, quand le Ciel a pourvu de quelque génie l'Homme qui les goûte ! L'organe générateur semble alors tout entier dans la tête, et cette tête aussi féconde que celle du Dieu qui fit naître

Pallas, mais plus utile au genre humain, produit une Illiade, un Tartuffe, ou un Esprit des Loix.

---

Si les plaisirs de l'Entendement sont l'apanage de la virilité, comme ceux des Sens le sont de l'adolescence, on peut dire des voluptés du cœur, qu'elles sont de tout âge : elles seules mettent de l'unité dans la vie, en enchaînant doucement le passé avec l'avenir : elles seules, quand l'argile humain se décompose, rendent serein le dernier sommeil du Juste, et lient le souvenir du bonheur qu'on a goûté avec l'espoir de celui qu'on attend, en tombant dans le sein de la Nature.

---

Le bonheur se compose, pour l'Homme, de l'union intime des plaisirs physiques avec ceux de l'ame et ceux de l'intelligence : c'est du passage sans secousses des uns aux autres, que résulte l'harmonie entre toutes les facultés, comme de la fonte habile des teintes, naît cette magie de coloris qui donne la vie à un tableau.

Quand le Sage, à force d'expériences sur lui-même, a saisi cette espèce d'immobilité dans l'attitude de la vie, qui le met au-dessus des revers, il doit travailler à la conserver, ce qui est plus difficile encore que de l'obtenir ; c'est à la solution de ce dernier problême que je vais consacrer un petit nombre de maximes.

―――――

L'Homme, tout libre qu'il est, soit par la Nature, soit par un bon pacte social, soit sur-tout par la Philosophie qu'il se donne, est l'esclave de la nécessité. De-là le besoin, pour le bonheur, de ne point se roidir contre des événemens que tout le génie humain ne saurait maîtriser, de ne point frapper de verges le Pont-Euxin, comme Xerxès, parce que des vaisseaux ont été désunis par une tempête.

―――――

L'Être sans principes, qui a la faiblesse de craindre une Nature marâtre, de s'alarmer d'un tremblement de terre, de l'éruption d'un volcan, du passage d'une comète dans notre Système Solaire, ne compose que des matières les plus fragiles l'édifice de son bonheur ; comme il n'oppose aux événemens sinistres que la peur qui les aggrave, comme il ne raisonne point la fatalité qui l'entraîne, et perd à trembler, le tems qu'il pourrait employer à jouir : la félicité est pour lui le voile de Pénélope, que la Raison arrange péniblement le jour, pour être détruit le soir par la Crédulité.

———

Quand on a réussi à se familiariser avec la fatalité de la Nature, il faudrait se familiariser aussi avec la fatalité des événemens humains : car, au fond, l'Homme isolé n'a pas plus de force contre le despotisme des Hommes réunis, que contre la main de fer de la nécessité. Une guerre mal conçue, un Code d'anarchie, un Gouvernement Révolutionnaire qui appelle sur toutes les têtes l'effroi, la famine et la banqueroute, est, pour l'Être social, au niveau de la peste noire, du naufrage de l'Atlantide, ou de cette Comète de 1680, qui, en allongeant un peu son Ellipse, aurait emporté notre Globe vers les limites de l'Univers.

———

La chaîne de mes principes me conduit à jetter quelques lignes sur le bonheur dans les Révolutions : car enfin, puisque le bonheur est en nous, et n'est que là, je conçois qu'on peut être heureux sous un régime politique, qui contrarie l'ordre social, comme en habitant les flancs du Cratère de l'Etna, ou en buvant la ciguë de Socrate.

———

Quand un Gouvernement pervers ne connait d'autres délits que ceux de l'opinion, il faut s'en faire une indépendante des Hommes et des Loix, ne point s'en servir pour heurter sans fruit celles qui sont trop prononcées, et redoubler de tolérance individuelle, en raison de la férocité publique, afin de réconcilier, autant qu'il est en soi, les mœurs avec les institutions sociales, et les décrets de l'ineptie ou de la férocité avec la Nature.

———

Quand un Gouvernement attente évidemment à la dignité de l'Homme, il faut avoir le courage de ne prendre aucune part au timon des affaires, quelqu'éminent que soit le talent qui y appelle : car alors, on ne gouverne pas, on conspire. Voit-on le vaisseau de l'État entr'ouvert de toutes parts, et n'ayant de mouvement que celui que lui impriment la tourmente, ou les efforts violens des Hommes qui s'y entretuent ? il ne faut point approcher du gouvernail ; le tillac même expose l'imprudent qui y séjourne. La place de l'Homme qui, portant la Patrie dans son cœur, n'a qu'une force d'inertie pour la sauver, serait dans la sentine même, si ce poste était le seul où il pût se faire oublier.

―――

Si, malgré cet oubli philosophique, où les Hommes de bien se condamnent, pour être heureux, le Gouvernement les traduit sur la scène, comme pour les punir de sa propre perversité, ils n'attacheront pas à l'exil, à la captivité, à la mort même, la valeur qu'y met la tyrannie : ils s'attendront à tout ce que leur destinée peut avoir de plus intolérable, afin d'être doucement trompés dans leurs calculs, et de jouir de l'absence des maux dont ils avaient la perspective ; et si le pouvoir insolent exécute, sans péril, tout ce qu'il ose, le Sage, en présence de la mort, sera tenté encore de répéter le mot d'Arrie à Pétus : *cela ne fait point de mal;* mot d'autant plus sublime, qu'il n'a point de prétention à l'être, mot dont on ne reconnaît guères le prix, que quand on se sent le courage de le prononcer.

———

Les Révolutions ne sont point l'état habituel des Gouvernemens; car le corps politique ne s'habitue pas aussi aisément avec les secousses qui le déchirent, que le corps de Mithridate, avec les poisons. Ainsi, pour rendre ces maximes d'une utilité plus générale, je me hâte de tirer l'Homme du tourbillon Révolutionnaire, pour associer son bonheur avec celui d'une Patrie qui n'aura pas perdu encore sa dignité.

———

La Nature, en organisant l'Homme faible, et sur-tout, en l'organisant libre, n'a pas fait avec lui le pacte de le mettre à l'abri de tous les évènemens fâcheux qui peuvent contrarier son bonheur; mais elle lui a dit : quand la Fortune viendra te frapper, réfugietoi dans ton cœur; et si cet asyle est pur, elle ne pourra t'atteindre.

———

Être bien avec soi-même, c'est, ainsi que je l'ai déjà fait entendre, être bien avec les Hommes, avec l'ordonnateur des Mondes et avec la Nature : on dirait que l'harmonie intérieure du Sage fait disparaitre toutes les dissonances de l'Univers.

———

Un secret, pour se mettre à couvert des dissonances sociales, est de se créer, par son travail, une fortune qui soit à égale distance de l'envie et du besoin. Si la balance penchait du côté de la pauvreté, elle compromettrait le bonheur; si elle inclinait du côté de l'opulence, elle mettrait en danger la vertu.

———

Dès qu'on a atteint cette *médiocrité d'or*, ainsi que l'appellent les anciens, il faut proportionner ses desirs à cette échelle. L'Homme vulgaire qui aspire à monter, et le vertueux insensé qui aspire à descendre, perdent également l'équilibre : l'un ne rencontre le bonheur qu'au Ministère de Séjan, et l'autre, dans le tonneau de Diogène.

---

En général, quand l'Homme n'est pas infortuné, il devrait se croire à-peu-près heureux. Le bonheur, le premier des biens après la vertu, en est aussi le plus fragile. Il ressemble à cette rose de la pudeur, qu'on ne peut toucher sans la flétrir : il meurt toujours, quand on le compare, et quelquefois même quand on l'examine.

---

Un des calculs les plus faux de l'Homme qui raisonne son bonheur, c'est de le lier à-la-fois avec des plaisirs d'espoir et des plaisirs de réminiscence ; le passé et l'avenir ne doivent jamais être pesés avec la félicité qu'on goûte : car le néant des poids conduit à nier l'existence du trésor qui est dans l'autre bassin de la balance.

---

J'ai un moyen bien plus simple pour ne point rider la surface tranquille de l'élément du bonheur, c'est de mettre au rang des biens toutes les jouissances de la Nature que le vulgaire dédaigne ; de sourire au site pittoresque que je contemple, à l'air pur que je respire, au gazon émaillé de fleurs que je foule aux pieds, au Soleil qui m'éclaire ; un pareil bonheur n'use point les organes : mais il faut être Philosophe pour y croire, et l'enfant de la Nature pour le goûter.

---

La vie active sert à éterniser ce bonheur si pur, où la Nature fait si peu de frais : car l'activité dans le travail multiplie l'existence : Raphaël, mort à trente-sept ans, après avoir couvert l'Europe des monumens de son génie, a été heureux l'intervalle de trois siècles, tandis que quelques heures de faibles jouissances composent la carrière insipide du vieillard, qui ne prouve que par son âge qu'il a long-tems vécu.

---

De tous les modes possibles d'organiser le bonheur, le plus philosophique à mon gré, quoiqu'il semble avoir échappé jusqu'ici aux regards des Philosophes, est de ne voir jamais que l'extrémité inférieure de l'échelle où où l'ordre social nous a placés : je m'explique : tout gouvernement qui n'a pas pour base la chimère métaphysique de l'égalité, admet une hyérarchie politique parmi les citoyens : les classes qui la composent ont un droit varié au bonheur, suivant les richesses, le pouvoir, les lumières, ou même les biens factices d'opinion qui en sont les instrumens. Or, ce qui fait qu'il y a si peu d'individus heureux, même dans les États où la dignité de l'Homme a été le plus respectée, c'est que tout le monde se compare avec ceux qui occupent l'extrémité supérieure de l'échelle : le Plébéien se voit séparé par un intervalle immense de l'Homme en place, l'Homme en place du Souverain, et le Souverain, quand il s'appelle Tibère ou Caligula, de Jupiter. Il n'est pas étonnant qu'un pareil parallèle empoisonne toutes les jouissances vulgaires : mais intervertissons un moment l'ordre des rapports : supposons que l'observateur plus Philosophe n'envisage que les échelons plus inférieurs de la hyérarchie sociale, que Tibère se contemple dans son Ministre Séjan ; Séjan dans le Séna-

teur qui se voit condamné, pour vivre, à baiser à genoux les instrumens de sa servitude ; et ce Sénateur, enfin, dans l'Homme de néant, qui s'agite dans sa poussière : alors le système change : tous ces personnages, n'ayant rien à envier, sont heureux à leur manière : ils le sont, et de la jouissance des biens qu'ils se procurent, et de l'absence des maux qu'ils ne partagent pas : l'hypothèse se présente avec bien plus d'avantage encore, quand on place des Hommes de bien ou des Sages sur les degrés de la hyérarchie : quand le Sénateur de Rome se trouve un Molé, son Tibère un Henri IV, et son Séjan un Sully, ou un Malesherbes. Quel que soit l'âge, le sexe, le rang et les lumières, je dirai toujours à l'Homme social, qui aspire à se rendre heureux : « Descends dans ton cœur,
» contemples-y toi et la Nature ; et, si tu
» as la faiblesse des comparaisons, ne re-
» garde que l'extrémité inférieure de l'é-
» chelle. »

———

Si maintenant j'avais à esquisser le portrait d'un Homme heureux, ses traits se rencontreraient d'eux-mêmes sous mes crayons.

Je me représenterais un Être, sagement organisé du côté des Sens et de l'Intelligence, ayant une ame expansive, et qui s'ouvre sans effort à l'impression du plaisir comme à celle de la douleur.

Il aurait un caractère : car l'Être qui n'est rien par lui-même, n'a pas le droit d'être heureux.

Ce caractère serait à-la-fois doux et ferme : doux, pour ne point altérer son bonheur par le spectacle des crimes des Hommes : ferme, pour ne point le compromettre, en le mettant en opposition avec sa propre vertu.

Il s'aimerait : car on ne fait rien de grand sur la terre, quand on ne s'aime pas. Mais, tandis que l'amour-propre vulgaire ne sait que déprimer les autres et se flatter lui-même, le sien plus épuré ne se déguiserait aucune de ses faiblesses ; et, à force de pallier celles des autres, les rendrait heureux du sentiment de leur supériorité.

Il s'aime : dès lors il serait bien avec lui-même, il ne chercherait pas le plaisir hors de sa sphère : il ne fuirait pas son cœur, que dans ses égaremens même il serait sûr de rencontrer toujours.

Être bien avec soi-même, c'est dire qu'on l'est aussi avec l'Ordonnateur des Mondes, qui crée le bonheur, et avec les Hommes, qui le modifient.

Mon Héros a une patrie qu'il adore reconnaissante, et qu'il sert ingrate : lorsque les loix de cette patrie sont bonnes, il consent, quand elle appelle ses lumières, à être quelque chose ; lorsqu'elles sont perverses, il met son civisme à n'être rien.

Je me figure ce Sage, également éloigné du Stoïcisme, qui outre tout, et de l'Épicuréisme, qui pervertit tout, ne provoquant, ni ne repoussant les jouissances accidentelles, usant des agrémens de la vie sans s'en rendre esclave, et se laissant aller doucement au courant de la Nature, sans la contrarier, et sans la faire rougir.

Il ne nuit à personne, pour n'être point tourmenté quand il se rencontre avec lui-même : il ne s'apperçoit pas quand on cherche à lui nuire, parce que, élevé dans la nue, l'injure, qui reste dans la fange, ne monte pas jusqu'à lui.

Persuadé du besoin des illusions douces, pour prolonger d'une manière enchanteresse le songe de la vie, il croit à tous les biens que nie la misanthropie : à la stabilité des Gouvernemens Républicains, à la reconnaissance des Hommes, au désintéressement de l'Amour, à l'éternité de l'Amitié.

Enfin, l'âge, qui mine lentement son existence, vient résoudre pour lui le plus grand des problêmes. Mon Sage ne s'agite point sous la faulx qui va le moissonner; il ne jette point un coup-d'œil de regret du côté de la vie ; mais se rappellant que tous les jours qu'il a donnés à la vertu ont été des jours de fête, il s'endort avec d'heureux souvenirs, sûr de ne se réveiller que pour de nouvelles jouissances.

# APPRÊTS SINISTRES
## D'UN HYMEN HEUREUX.

JE touche, Éponine, au terme de mon Odyssée : le bonheur m'attend dans l'Isle de Pénélope, et je force de voiles, pour y arriver, malgré les écueils qui m'entourent, et la foudre qui m'éclaire seule, au milieu de la mer des tempêtes.

Dix mois se sont écoulés, depuis le supplice de Soliman. Sa fille céleste craint moins de lever sur moi ses yeux humides de pleurs : elle commence à s'appercevoir qu'en règnant, elle-même, sur ma maison, elle m'a donné un titre pour règner sur son cœur; et quand je la presse, à genoux, d'un hymen que ses vœux appellent, elle s'étonne, mais en s'applaudissant en secret de son triomphe, que ce soit de ma bouche que parte le mot de reconnaissance.

Cependant, l'hymen n'avançait pas : je sentais, et je le disais sans cesse, que je ne

pouvais trouver le bonheur qu'à l'Autel :
Fatime le sentait aussi, et quoiqu'elle ne le
dît jamais, son silence, ses regards, tout,
jusqu'à une vague inquiétude, qu'elle ne pouvait dissimuler, le laissait appercevoir. Vaine
harmonie entre nos pensées les plus secrètes !
Nos cœurs semblaient le théâtre des luttes
d'Oromaze et d'Arimane. Tandis que le
génie du bien m'entraînait impérieusement
à l'Autel, le génie du mal m'en repoussait,
tout-à-coup, en l'adossant au marbre lugubre d'un tombeau.

Une pareille anxiété était trop pénible,
pour durer long-tems. Un jour qu'assis, avec
Fatime, dans ma galerie de Tableaux, je la
pressais, avec larmes, de dénouer le Roman
de nos Avantures, elle me prend par la
main, et me conduisant vers le tableau de
la continence de Scipion : il m'en coûte,
dit-elle, avec sentiment, de ressembler en
quelque chose à ce Héros : car j'ai un cœur,
et quand même tes bienfaits ne l'auraient pas
subjugué, il serait encore à toi; mais un
sentiment de terreur indéfinissable empoisonne, dans son germe, mon espérance de

félicité. Pardonne à une faiblesse dont la Philosophie de mon père, et tes leçons me font également rougir ; mais je sens que ce n'est point ici que le Ciel doit recevoir nos sermens : des présages trop sinistres y parlent à ma crédulité. Partons pour la Thessalie ; et si tu as quelque courage, viens me parler de bonheur, sur les ruines sauvages de ton Temple de la Nature.

Ce mot devint, à mes yeux, la solution d'un grand problème. Quelque douloureuse que fût, pour moi, la délicatesse vertueuse de Fatime, je n'étais pas assez injuste pour l'en accuser. Je concentrai dans mon cœur mon inquiétude ; et dès le moment même, j'entrepris le voyage.

Il y avait un très-grand nombre d'années que je n'avais visité cet antique héritage de mes pères, dont j'avais abandonné la jouissance à celle qui avait eu les prémices de mon cœur. A peine croyais-je trouver la route de la vallée de Tempé ; à peine me flattais-je d'échapper aux sinuosités dont le Penée prolonge son cours : mais, ô monument sacré d'une première passion, même devenue malheureuse ! est-ce qu'on peut oublier le tapis de fleurs qu'on a appris à fouler, avec sa Maîtresse? l'anse du fleuve, où l'on a commencé à jurer de lui être fidèle? la grotte de Didon où l'on a fait, avec elle, l'apprentissage du plaisir? Le cœur est une seconde mémoire, et ce que le burin de l'Amour y grave, ne s'efface jamais.

Ce fut au moment de traverser le Penée, que ma sensibilité commença le cours douloureux de ses expériences. Mes Esclaves s'étaient écartés, pour sonder un gué, et nous attendions, Fatime et moi, leur retour, sous une roche en saillie, qui nous garantissait des feux du Soleil. Quelle fut ma surprise, en voyant, sur cette roche, des caractères tracés avec une pointe d'airain, de la main de mon Rival, et que la rouille du tems, ainsi que la vapeur corrosive du fleuve avaient à demi effacés ! Je m'approche avec saisissement, et je lis :

J'ai quinze ans... C'est l'Amour : rien ne voile ses charmes :
Le Soleil verrait seul mon audace et ses larmes :
Mais le desir se tait dans mon cœur combattu.

Mon émotion fut à son comble, quand

j'entrevis, au-dessous de ces vers, la seconde moitié de la stance, gravée par ma Thessalienne. L'écriture partait d'une main mal assurée, et mes yeux, pour la déchiffrer, me servirent moins que mon imagination.

J'ai quinze ans... Mon Héros me trouve quelques charmes ;
Mais, dans mon abandon, il ne voit que mes larmes ;
Et jusques dans ses bras, je garde ma vertu.

Le Soleil colorait les cimes de l'Olympe et de l'Ossa, de ses derniers rayons, quand nous approchâmes de mon antique héritage. A quelque distance de la route, je reconnus le Rosier où j'avais, pour la première fois, entendu la voix de ma Thessalienne. Ses rejettons, cultivés avec soin, serpentaient avec grâce, à peu de distance de sa tige : mais, quoique nous fussions dans la saison du Printems, aucune fleur ne s'offrit à mes yeux, dans cette enceinte verdoyante. Je m'approchai davantage, et je reconnus qu'une main industrieuse les avait coupées, pour n'y laisser que les épines. Cette découverte attrista mon ame. Je me dérobai de ce séjour sinistre, appellant la nuit, qui était déjà dans mon entendement.

Il fallait, avant d'entrer dans ma maison, traverser le verger qui m'avait offert, autrefois, sous tant de formes heureuses, les jeux Anacréontiques de l'Amour. Mon trouble s'y accrut, à chaque pas. Les ceps de Vigne qui nous avaient fourni les grains de Raisin que nous nous jettions, à la manière de Théocrite ou de Gessner, avaient fait place à de lúgubres Cyprès : le réduit, tapissé de fleurs sauvages, où mon Enchanteresse m'avait écrit sa lettre, sur les parfums de la Nature, fermé depuis par les Ronces, était devenu le repaire infect des Vautours et des Corbeaux. Ma sensation la plus douloureuse vint, à la vue du Palmier, où j'avais surpris mon Esclave, pressant, de sa main adultère, le sein d'albâtre de ma Maîtresse : l'arbre était sans tige, et brûlé par sillons, comme si la foudre l'avait frappé; le long de l'écorce, on lisait un vers, que moi seul je pouvais entendre.

Le crime est dans le cœur, et non pas dans la main.

Fatime ne jouait point un rôle passif dans cette scène d'émotion. Ses regards étaient sans cesse fixés sur moi : on aurait dit qu'elle cherchait à surprendre, dans mes yeux, le secret de ma pensée ; et quand mon anxiété était à son comble, elle me serrait la main, avec une tendresse si naturelle, elle m'adressait, avec tant de grâces, quelques mots consolateurs, qu'elle remontait aussitôt à son unisson, les cordes de ma sensibilité. La sérénité de son visage annonçait qu'elle était heureuse ; et moi, en la voyant, j'oubliais que j'avais cessé de l'être.

Par une étrange fatalité, le Cultivateur qui faisait valoir mon patrimoine, était allé pour quelques jours à Misithra, et la maison, soigneusement fermée, se trouvait confiée à la seule garde d'un Esclave, sourd et muet, qui logeait hors de son enceinte ; comme le jour baissait, il me vint dans l'idée de proposer à Fatime de veiller, jusqu'au lever de l'Aurore, dans ma grotte de Didon ; cette proposition n'était point de nature à l'alarmer : elle sentait assez que, fût-elle à mes côtés, sans voile, comme la Vénus sortant de l'onde, son honneur, jusqu'à l'Autel, serait toujours sous la sauve-garde de ma vertu : aussi n'essuyai-je aucun refus : pourquoi, quand il y a des mœurs de part et d'autre, un sexe rejetterait-il ce que l'autre peut proposer sans rougir?

Mes premiers pas vers le monument ne trompèrent pas mon attente : on lisait en gros caractères, sur une espèce de fronton, couvert de mousse, qui en formait le couronnement : *le bonheur est là* ; cette inscription me fit tressaillir de joie ; enfin, dis-je en moi-même, je respire : le Ciel n'est pas complice du crime d'une Amante : et j'épurerai un jour cette grotte profanée par l'infidelle, en y mourant d'amour sur le sein de sa rivale.

Cet espoir était à peine conçu, que je me trouvai en présence de la porte : elle était revêtue d'un stuc coloré, représentant le vestibule antique du Tartare : on avait sculpté les gonds d'airain en forme de deux couleuvres, et une tête de Tysiphone ouvrait sa bouche infernale pour composer la serrure ; je tentai, au défaut de clef, de soulever la porte : mais, soit que l'architecte y eût adapté une méchanique, destinée à jouer au moindre effort, soit que mon imagination, préoccupée par tous ces spectacles sinistres, se créât des fantômes pour les combattre, je crus entendre, d'une manière distincte, les couleuvres des gonds moduler des sifflemens. Je reculai d'effroi, et ce mouvement m'ayant présenté la grotte sous un autre point de vue, je lus, au-dessous de la tête de Tysiphone, ces mots gravés en lettres de sang : *Malheur à qui, sans mon aveu, violera cette enceinte!* Fatime commençait à partager mon trouble : mon ami, me dit-elle, je ne vois pas ici la grotte de Didon heureuse, mais celle de Didon qu'Énée abandonne; crois-moi, on ne respire pas un air pur autour de ce monument : allons rêver au bonheur que tu me prépares, dans ton temple de la Nature.

J'étais oppressé : ce mot terrible, *c'est la grotte de Didon qu'Énée abandonne*, avait d'autant plus retourné le poignard dans mon cœur, qu'il avait été prononcé sans dessein de me donner un remords : je pris machinalement et en silence la route du temple, et quand je fus arrivé sous le berceau de Cyprès qui en avait pris la place, je fermai les yeux, comme pour épaissir encore la nuit qui venait m'environner : tant mon cœur, tout pur qu'il était, redoutait de rencontrer le Sarcophage de ma maîtresse !

Le Ciel vit un moment en pitié les maux que me créait mon aveugle sensibilité ; il était trop juste pour empoisonner long-tems le bien que je méditais de faire à Fatime, par l'idée déchirante des maux que me causait encore sa rivale : le sommeil vint peu-à-peu assoupir mes sens, sous le lugubre ombrage de ces Cyprès : et ce sommeil fut serein, comme doit l'être celui de l'Homme faible, mais juste, qui n'a jamais fait couler volontairement une larme, même des yeux de ses tyrans.

Pour la fille de Soliman, elle ne dormit point : ses sens, moins fatigués, avaient moins besoin d'être rafraîchis par le repos : d'ailleurs, c'était un Ange tutélaire qui voulait veiller sur ma vie : à la pointe du jour, quand mes yeux s'ouvrirent, je la vis, non sans surprise, entretenant, avec feu, une femme d'un âge très-avancé, qui était adossée, ainsi qu'elle, au Sarcophage de mon amante : elle était très-émue, et le devint encore davantage, à mon approche. Pour la vieille, l'hiver des ans, qui se manifestait sur son visage, semblait avoir passé jusqu'à son ame : cependant, au premier bruit de mes pas, elle jetta une partie de son voile sur ses yeux, prit à ses pieds un bâton noueux qui servait à diriger sa démarche chancelante, et disparut.

# COMBATS
## DE L'AMOUR VERTUEUX,
## ET SA VICTOIRE.

#### FATIME.

Nous voici au temple de la Nature : un silence profond règne dans cet azyle solitaire : le Ciel seul semble nous contempler, et nos cœurs peuvent s'entendre.

#### PLATON.

Oui, Fatime, j'avais besoin, pour retrouver ma sérénité, d'entendre ta voix touchante : cette voix qui, comme le trident du Dieu des mers, excite ou calme, à son gré, les vagues de mes passions orageuses; ah! parle-moi toujours, quand je serai en guerre avec moi-même, et toujours je serai heureux.

#### FATIME.

Eh, pourquoi, Platon, être en guerre avec

toi-même? Je n'aimerais point un repos que j'acheterais, en déchirant mon sein : la paix de la Colombe est plus faite pour le bonheur que la victoire même du Vautour.

PLATON.

Eh bien! sois pour moi cette Colombe de Vénus, dont la paix est l'élément, qui n'oppose aux querelles de l'amour que les feintes fureurs qui servent à le rallumer : je serai tout entier au bonheur, quand je serai tout entier à toi.

FATIME.

Tout entier à moi! Mon ami, tu oublies dans quel lieu t'a conduit ton étoile : n'est-ce pas ici ce temple de la Nature, destiné, dans son origine, à recevoir le premier hommage de l'Amour? Le monument que ces Cyprès couvrent à demi de leurs rameaux, ne renferme-t-il pas la cendre d'un objet que tu as idolâtré, ou du moins ne porte-t-il pas son image?

PLATON.

Il y a bien de la barbarie à me le rappeller.... ou, peut-être, bien de la délicatesse.

FATIME.

Platon, quand le Sage se trouve entre la cendre de l'Amante qui lui fit connaître la félicité et le cœur de l'Amie qui se propose de la lui rendre, il est condamné à être franc, ou il ne le sera jamais ; voici l'instant de mettre ta grandeur d'ame de niveau avec ma sensibilité, d'étouffer ma terreur dans son germe, ou de m'en prédire le sinistre accroissement. Permets-moi de t'interroger.

PLATON.

Je ferai mieux : je vais répondre aux questions que tu ne me feras pas : tu cesserais de m'estimer, si tu ne devais qu'à l'importunité de ta tendresse, des aveux que tu devais tenir originairement de ma vertu.

Fatime, ame céleste, la Nature te devait les prémices d'un cœur qui ne connut la félicité que par toi et pour toi : la Nature n'a pas payé sa dette envers son chef-d'œuvre : car j'ai aimé.

Oui, j'ai aimé, et toute mon existence

l'atteste ; le délire fugitif de mes premiers transports, et les longs tourmens qui en ont suivi l'absence : la franchise avec laquelle mon cœur s'est livré à l'impétuosité de mes sens, le déchirement qu'il a éprouvé quand le bandeau a cessé de couvrir mes yeux, et jusqu'à mes remords d'avoir cru aux sermens de l'enfant de la Nature.

Et quand je voudrais en imposer sur ces premiers élans de ma sensibilité, est-ce que la Nature entière ne déposerait pas contre moi ? Ce temple n'est-il pas couvert des monumens de mon idolâtrie ? Ne verrais-je pas m'accuser d'imposture ces lits de verdure, que je foulais aux pieds avec l'enchanteresse ; cet air embrâsé par nos feux, que nous respirions ensemble ; ce Soleil même qui éclaira les sermens d'une Amante, avant de devenir complice de son infidélité ?

Son infidélité !... Cependant elle m'aima d'abord avec franchise : il eût été impossible à tout l'art humain d'imiter le feu pur de ses regards, le touchant abandon de ses caresses, l'éloquence brûlante des lettres qu'elle m'adressait : nos êtres avaient entre eux un nombre infini de points de contact ; elle était moi, j'étais elle : et nous séparer, eût été nous anéantir.

C'est au nom de la vertu qu'elle me jurait de ne pas me survivre, de cette vertu dont le nom se prononce si bien à quinze ans : de cette vertu qui, quand l'amour commande par sa voix, fait assassiner un frère et embrâser le Capitole !

Non, jamais l'Amour, tel qu'on l'imaginerait dans le Ciel, si on y savait aimer, ne se présenta sous un aspect plus enchanteur : jamais Femme plus faite pour exciter l'enthousiasme du Sage....

FATIME.

Mon ami, ta tête s'exalte ; ton imagination s'allume : nous ne sommes pas bien ici : quittons un moment ce temple funèbre, dont l'influence troublerait par degrés ton repos... et peut-être, le mien... J'ai découvert, à peu de distance de cette enceinte, une petite éminence, où nous respirerions un air plus pur, plus analogue à la félicité que nos vœux appellent.

## PLATON.

Oui, je m'égarais, Fatime : je commençais à oublier que tu étais à mes côtés, que ta main vertueuse se posait sur ce cœur combattu où tu dois régner....

Enfin, nous sommes hors du théâtre des enchantemens : ma tête est plus calme : je ne vois plus personne entre mon amour et toi.

Par quel délire de mes sens ai-je pu, en présence de Fatime, fixer un seul moment ma pensée sur sa rivale? Elle n'a de commun avec elle que les grâces : sa sensibilité est bien plus pure, sa réserve dans l'amour bien plus touchante : elle se crée le plus doux des empires, comme le plus légitime, et ne l'usurpe pas.

Un intervalle de quelques toises sépare cette éminence de l'enceinte enchantée, où je me suis méconnu, et une aussi faible distance semble à mon imagination un abîme incommensurable ; près de cette tombe, j'étais ami injuste, amant vulgaire, philosophe pusillanime ; ici mon ame s'élève à toute la hauteur que ta dignité commande : je respire, j'ose le dire, ta vertu, et je deviens digne de toi.

Ce n'est pas ma Fatime, sans doute, qui, si j'avais conquis son aveu, oserait un jour le démentir ; qui se surpendrait abattant l'autel qu'elle aurait érigé, et calomniant le premier soupir que la Nature aurait arraché à l'Amour.

Mais la Thessalienne, dont je ne puis plus prononcer le nom sans rougir, s'est joué avec un art odieux, non de son Amant, mais de sa victime : elle m'a élevé jusqu'au faite du bonheur pour m'en faire descendre avec plus de violence ; elle a entouré de roses la coupe de poison dont elle m'a abreuvé.

J'étais fier de ma conquête, comme elle semblait fière de la sienne : je disais que le Souverain de l'Univers envierait mon sort, et je le pensais : elle disait que Platon seul sur le Globe pouvait maîtriser son être, et elle me sacrifiait à un Esclave.

Un Esclave, Fatime ! ce mot fait passer tout le fiel de la vengeance dans mon sein. Ah ! ne souffrons pas plus long-tems que l'ombre d'une Amante infidelle s'applaudisse des combats de mon cœur; qu'elle recueille jusqu'au-delà du trépas les fruits de sa perfidie : profitons du réveil de ma raison : allons consacrer à un autre usage cette enceinte de Cyprès, qui troublait mes sens, renfermer dans le sein de la terre ce Sarcophage qui ment à l'Amour, que sais-je ? peut-être disperser une cendre, indigne des honneurs funèbres…

### FATIME.

Mon ami, tes transports m'effraient : tu parles de vengeance ! ce sentiment pénible est-il fait pour ton ame ?… Mais tu as trouvé le Dictame qui doit guérir ta blessure : oui, reviens avec moi auprès de cette tombe sacrée… tes yeux desséchés par le couroux retrouveront des larmes : et ces larmes, bienfaisantes comme toi, pourront être recueillies par la Vertu…

### PLATON.

Nous voilà de nouveau dans l'enceinte fatale des Cyprès : tu crois donc, Fatime, que la vengeance avilirait le sentiment sublime qui m'entraîne vers toi ; que je ne dois point ajouter à tes triomphes l'opprobre de ta rivale :... Il est vrai... je suis assez vengé, puisque c'est dans un lieu tout plein d'elle que je jure d'être à jamais à toi...

Plus même je réfléchis, et moins mon amour pur pour Fatime se concilie avec quelque idée que ce soit de vengeance. Qui me dira que l'Amante, dont je me plains, n'a pas été plus égarée que coupable? Elle a partagé sa tendresse adultère entre moi et un Esclave : mais cet Esclave avait l'ame des Êtres libres : mais il avait exposé ses jours, dans le Pénée, pour sauver sa vie. Encore dans un moment d'enthousiasme vertueux, m'offrit-elle de l'éloigner à jamais de ses regards, tant elle appréhendait qu'on empoisonnât la franchise de son amitié, qu'une apparence infidèle d'amour ne parût égarer sa reconnaissance !

Le trait est digne, Fatime, de ta grandeur d'ame, et je veux te le raconter dans tous ses détails.

FATIME.

Tu oublies, Platon, que tu m'en a déjà

fait part, et que, si jamais il s'effaçait de
ton cœur, tu le retrouverais dans ma mémoire.

PLATON.

Serait-il possible, Fatime, que celle qui
se montrait la plus généreuse des Amantes,
en devînt la plus criminelle; et qu'un cœur
de quinze ans, à peine mûr pour le desir,
fût aussi gangréné que celui qui depuis un
demi-siècle a abjuré la Nature?

Tu ne me dis rien... Oh! si je m'étais
trompé! Si digne de mon hommage...Allons
éclaircir ce doute cruel auprès de son Sarcophage....

Que ce silence lugubre agit avec puissance
sur ma sensibilité!...Mais que m'annoncent
ces Cyprès, simulacres de la mort, qu'elle a
plantés de sa main? Pourquoi ce monument
funèbre dont elle a du moins imaginé le
modèle?...Ah! sans doute elle a reconnu
son crime envers l'Amour, et ce crime est
moins grand, puisque sa main courageuse
l'a expié...

Voilà donc, peut-être, tout ce qui reste
d'une Femme, qui aurait été le chef-d'œuvre

de son sexe, si elle n'avait été faible un moment! Vois, Fatime, comme le ciseau de l'Artiste a rendu son éloquente douleur! C'est vers mon portrait que ses regards éteints se tournent avec attendrissement... Dieu! quelle inscription viens-je de lire sur le marbre de la base! Mes yeux, mouillés de larmes, ne peuvent achever de la lire; et ma voix, entrecoupée de sanglots, se refuse à la répéter: *il me fit connaître le Bonheur: je meurs contente, s'il peut le goûter loin de moi....*

Fatime... Fatime... je ne me connais plus... tu as voulu ma mort, en m'entraînant vers ce monument!...

Écoute, digne Amie; je connais ta belle ame : la haine n'est pas faite pour peser sur elle : tu ne connais point de rivale au-delà de la tombe. Eh bien! si j'ai quelque ascendant sur toi, accorde-moi une faveur que j'implore à tes pieds. La Nature entière me dit que mon Amante fut coupable, et mon cœur... que du moins elle ne l'est plus. — Soulevons ce marbre, et si, contre mon attente, sa cendre y est renfermée, transportons-la, avec un respect religieux, à Athènes; que le vase où cette dépouille sacrée sera recueillie, repose sans cesse sous nos yeux; qu'il ne soit pas même écarté de l'Autel où je jurerai d'être à toi; et si, jamais, l'un de nous était tenté d'oublier ses sermens, qu'il regarde cette cendre insensible, et que son supplice commence, même avant ses remords...

Mais, que le ciment qui réunit ce massif, à son couronnement, a de dureté! L'Artiste a-t-il voulu lui donner l'éternité des monumens du Capitole? — Enfin, après tant d'efforts pénibles, ma persévérance l'emporte: les appuis de l'entablement se séparent, et je puis pénétrer jusques dans l'intérieur du Sarcophage.

Insensé! qu'ai-je fait? Une voix intérieure m'a dit long-tems que ce Sarcophage n'était qu'un vain simulacre de la mort: mais, si ce n'était pas un Sarcophage? si l'infortunée avait réellement ordonné qu'on y déposât sa cendre!... Fatime, ce doute m'écrase: non, jamais je n'aurai la force de violer cet asyle. Ah! que plutôt cette tombe se referme, et m'ensevelisse, à jamais, avec ma victime !

FATIME.

Eh bien ! c'est à mes yeux à prévenir le sacrilége de ta main. — Mon ami, ma joie est à son comble : le Ciel est juste, et il n'y a point de cendre dans ce Sarcophage. — Un seul papier s'offre à mes regards : c'est une lettre; elle porte l'adresse de Platon, et je puis te la remettre, sans redouter l'atteinte du remords.

PLATON.

Une lettre ! elle renferme ma destinée : ma main tremblante se refuse à l'ouvrir. Fatime, je te conjure de rompre ce cachet : c'est de la bouche de tout ce qui, désormais, peut me faire aimer la vie, que je veux entendre ma sentence.

FATIME.

Songe, mon ami, que c'est toi qui l'ordonnes, et que prononcer ton éternelle douleur, c'est prononcer ma mort.

« Après plusieurs années de la séparation

» la plus absolue, ai-je encore le droit d'é-
» crire au Sage que j'ai tant aimé, et qui
» m'abandonne ?

» Platon, tout barbare qu'on l'a rendu,
» est né sensible ; il lira, avec quelque émo-
» tion, cette lettre, datée d'un tombeau...,
» d'un tombeau, où peut-être, quand la
» réponse viendra, ma cendre sera ren-
» fermée.

» Non que j'aye tenté de me punir d'un
» crime qui m'était étranger, de teindre de
» mon sang des nœuds mal tissus, d'échap-
» per à l'ennui qui vient dévorer lentement
» ma vie, par la gloire indiscrète du suicide.

« Il fut un tems où ce projet sinistre put
» obséder ma pensée : c'était à l'époque voi-
» sine de mon abandon, où je te fis parvenir
» le Manuscrit d'*Ismenide* ; mais ton silence
» a donné une autre impulsion à mon cou-
» rage. J'ai conçu l'idée d'un héroïsme d'un
» genre neuf : celui de vivre pour toi, sans
» être à toi ; de te lier avec des Roses, quand
» je suis enchaînée avec des Fers ; de te con-
» duire, par un fil invisible, au bonheur,
» sans le partager.

» Le tems, qui atténue la grandeur d'ame
» vulgaire, n'a fait que donner un nouvel
» essor à ma générosité. Je me suis dit : deux
» ames neuves qui, à la première explosion
» des sens, ne se sont point entendues, n'é-
» taient pas faites l'une pour l'autre : des
» Amans qui, après s'être juré l'éternité de
» leurs feux, se sont séparés des années en-
» tières, sans chercher à se voir, doivent
» être séparés à jamais.

» J'ai donc tracé, de ma main tremblante,
» une ligne de démarcation entre nous, que
» le crime seul pourrait franchir; mais j'ai
» voulu que cette ligne ne fût utile qu'à
» celui des deux Amans qui serait loin de
» s'en alarmer; qu'elle colorât un abandon
» funeste, quoique sans le légitimer; qu'elle
» contribuât à la félicité de l'oppresseur,
» plutôt qu'à celle de la victime.

» Je me suis toujours flattée de la douce
» espérance, que lassé de courir, loin de
» moi, après le fantôme du bonheur, tu
» viendrais, quelque jour, en rappeller le
» souvenir fugitif, auprès de mon Sarco-
» phage. C'est-là que mon génie attendait

» le tien : là, je voulais t'entourer de tous
» les monumens qui t'attesteraient le désin-
» téressement de mon amitié : là, je vou-
» lais me venger de ton délit, par la déli-
» catesse de mes bienfaits.

» Le premier et le plus grand, sans doute,
» est de te rendre des sermens qui, quoique
» faits loin des Autels, n'en devaient pas
» moins être à l'abri du parjure. Pour ne
» point provoquer, de ta part, une géné-
» rosité qui te serait importune, c'est moi
» qui, la première, brise un frêle tissu que
» respecterait, peut-être, ta reconnaissance.
» Je te rends une liberté que tes vœux ap-
» pellent, et dont l'exemple de mes mal-
» heurs t'apprendra, un jour, à faire un
» meilleur usage.

» Je me réserve une jouissance plus pé-
» nible encore, et qui, sans mon premier
» sacrifice, aurait été impossible à ma vertu;
» c'est de t'éclairer sur le second hommage
» que tu oseras rendre à l'Amour. A peine
» auras-tu porté tes pas dans cette enceinte,
» que tu y seras obsédé de regards, qui me
» sont dévoués. Toute séparée que je suis

» de

» de toi, par un Monde entier, je tiens dans
» ma main le fil auquel ta vie est enchaînée ;
» et malheur à toi, si ce n'est pas ma géné-
» rosité qui conduit à l'Autel ma Rivale !

» Je ne signe point cette Lettre, abreuvée
» vingt fois de mes larmes amères ; car, quel
» nom me reste-t-il ? L'Hymen de l'Amour
» m'a ôté celui que je tenais de mes pères ;
» et ta fuite me ravit le seul dont mon or-
» gueil pouvait s'honorer, le tien ».

PLATON.

La fatigue de soulever le marbre de sa tombe a moins oppressé ma main, que cette lecture ne brise mon cœur. O Fatime, tu l'as voulu : tu as mis à ce prix cruel, le bonheur que tu me fais acheter. De quels souvenirs amers tu vas empoisonner, sans le vouloir, le tissu de plaisirs que doit ourdir ta tendresse ! Puis-je jamais oublier que son ingénieuse bienfaisance a survécu à son délit, et que toute infidelle qu'elle paraît encore à ma raison, je me trouve écrasé par sa vertu ?

FATIME.

Eh ! pourquoi, mon ami, oublier celle

qui t'instruisit, la première, du secret que tu avais un cœur? Si tu étais capable de cet affreux triomphe, sur toi-même, tu ne serais pas digne de moi; et, toute accablée que je suis de tes bienfaits...., je resterais ton Esclave.

Platon, il faut plus faire encore : je vais te donner un conseil pénible à mon cœur; mais ce n'est point à la fille de Soliman à céder, en générosité, à sa Rivale. Écoute : la Lettre de ton Amante renferme le vœu tacite, que tu ne disposes point de ta foi, sans son aveu : il faut avoir le courage d'accepter, de sa main glacée, ses derniers bienfaits. Tu dois assez de sacrifices à son innocence, si elle est pure, ou à ses remords sublimes, si elle a été un moment criminelle, pour ne point la contrarier dans le dernier acte d'empire qu'elle exerce sur toi. Moi-même, trop de présages sinistres s'assembleraient sur ma tête, si j'allais à l'Autel, sans y être appellée par l'infortunée, par celle qui pouvant y recevoir, elle-même, tes sermens, est assez généreuse pour se borner à t'y conduire.

## PLATON.

Ton courage subjugue ma raison, mais sans me réduire au silence. Un sentiment intérieur, plus puissant que la Logique même de la grandeur d'ame, me dit que le bonheur est ici; qu'en rendre l'amitié dépositaire, c'est le compromettre. — Écoute, Fatime, nos cœurs se sont-ils entendus?

## FATIME.

Le mien te cherchait, même avant ma Rivale.

## PLATON.

Je tombe à tes pieds. — Prononce, maintenant.

## FATIME.

Mon ami..., la vertu a-t-elle deux balances? Mon cœur t'a tout dit.

## PLATON.

Ainsi, tu ne sais pas être heureuse.

## FATIME.

Plus que tu ne crois : car je sais mourir.

## PLATON.

Être céleste.... ! J'aurais moins attendu de la tendresse de ta Rivale.

## FATIME.

O Platon, ne la rabaisse pas : combien elle m'est supérieure ! Elle a le courage de vivre.

Au reste, quel que soit l'oracle qu'elle prononce, ma délicatesse est satisfaite. J'ai mis ta Philosophie au creuset, et elle en est sortie sans alliage Je tremblais, en commençant l'épreuve, que les monumens d'un premier Amour ne parussent rien dire à ta sensibilité; que ta condescendance, pour moi, n'étouffât le cri impérieux de ton cœur; que tu n'eus pas le courage, enfin, d'être devant moi, tout plein de ma Rivale. Heureusement pour mon repos, tu t'es montré digne du nom auguste que tu portes. J'emporterai à l'Autel..., ou au tombeau..., l'estime de toi la plus réfléchie; car jamais, l'Amour vertueux n'a essuyé plus de combats, et n'a remporté une plus belle victoire.

# DÉNOUEMENT.

JE me suis étendu avec complaisance, ma chère Éponine, sur ce dernier orage que j'ai subi, au moment même de voir mouiller ma fragile nacelle au port du bonheur, parce que le Pilote qui me dirigeait, était ta mère. Combien tu dois t'énorgueillir de ce triomphe de Fatime, sur moi ! Maîtresse de mon cœur, comme le Musicien Timothée, des passions d'Alexandre, elle me faisait passer, tour-à-tour, de la pitié à l'indignation, et de la fureur à l'attendrissement, en faisant vibrer, en sens contraire, toutes les cordes de ma sensibilité ; mais, toujours fidelle à ses principes, n'abusant ni de sa force, ni de ma faiblesse, elle n'avait qu'un seul objet en vue, celui de me faire arriver au bonheur, par la vertu. —

Cependant, nous étions sortis de l'enceinte des Cyprès, et nous prenions, Fatime et moi, en silence, la route de ma maison, très-inquiets de savoir quels regards allaient nous obséder, et encore plus, de connaître l'objet que l'Enchanteresse destinait à lui succéder, dans mon cœur. La Grotte de Didon était sur la route : une sorte d'inquiétude machinale nous força à nous en approcher. Il semblait que, parce que le mot de bonheur était écrit sur le fronton, le Ciel nous attendait dans l'intérieur de l'édifice, pour nous en faire goûter la réalité.

Le premier objet que nous apperçûmes, quand nous nous trouvâmes à peu de distance du monument, fut la vieille, à demi-voilée, que j'avais surprise, avec Fatime, au moment de mon réveil. Je la questionnai, avec une émotion que je n'étais pas le maître de dissimuler; mais je fus trompé dans mon attente, et je ne tirai de sa bouche que des demi-lumières.

« Ne m'interroge pas, dit-elle, car, éta-
» blie gardienne de ce tombeau, je n'ai à
» répondre qu'au Ciel, à ton ancienne
» Amante, et à moi-même.

« Platon, je ne t'ai pas perdu un seul

» instant de vue, depuis que tes remords
» t'ont conduit sous cette lugubre enceinte;
» j'ai été témoin de tous tes combats; j'ai
» entendu les cris de ton cœur déchiré; et
» malgré la longue expérience qui vient me
» désabuser de tout, je n'entrerai pas dans
» la tombe sans croire encore à la vertu.

» L'infortunée, qu'un Monde entier sépare
» de toi, m'a établie l'arbitre suprême de ta
» destinée : je suis satisfaite; et il ne tient
» qu'à toi de connaître le bonheur, si cepen-
» dant on peut le goûter dans l'âge viril,
» quand on se rappelle d'en avoir épuisé la
» coupe dans son adolescence.

» Fatime, tu as joué dans cette scène fu-
» gitive un rôle plus brillant encore; car tu
» as créée la grandeur d'ame de ton Amant :
» tu es au-dessus de mes éloges, mais non
» pas de ma reconnaissance.

» Auguste fille de Soliman, tu te rappelles
» sans doute le jour à jamais mémorable, où
» la foudre consumant la maison qu'habitait
» la mère de ta rivale, tu eus la générosité
» de venir consoler celle que tu devais re-
» garder comme ton éternelle ennemie, de

» l'accabler de tes bienfaits : plus sublime
» encore, à la vue d'un enfant qui, sur une
» poutre embrasée, luttait douloureusement
» contre les approches de la mort, tu expo-
» sas ta vie pour sauver la sienne. Il est tems
» de justifier le Ciel, qui ne semble jusqu'ici
» avoir payé que de l'infortune la dette que
» tu lui as fait contracter par ta vertu. Suis
» moi ; et viens voir comment, dans l'âge
» d'or de la vie, l'enfant de la nature sait
» se venger de sa rivale. »

Fatime et moi nous gardions le silence, soit de la surprise, soit de l'admiration : arrivés devant le vestibule de la grotte, nous nous crûmes transportés sous un Ciel nouveau : l'incendie simulé de la porte, les couleuvres des gonds, la Tysiphone de la serrure avaient disparu : à la place de cette décoration infernale s'offrait un berceau de jeunes palmiers dont les tiges réunies par des guirlandes de roses, couvraient de leur ombre naissante une espèce de temple d'Anacréon : l'intérieur de la grotte ne portait pas moins l'empreinte du séjour d'Armide et des prestiges de sa baguette.

Tu as lu, Eponine, le poëme épique dont la France s'honore; tu te rappelles le beau chant des amours de Henri et de Gabrielle, auquel le crayon enchanteur d'Eisen a donné une seconde immortalité : eh bien ! le premier objet qui se présenta à mes yeux, dans l'enceinte de la grotte, fut ce tableau, posé sur un nuage lumineux, qui semblait réfléchir toutes les couleurs primitives de l'Arc-en-Ciel. Le site romantique de cette scène amoureuse avait été fidèlement dessiné : on y voyait le Monarque, sans couronne, assis sur un lit de Roses, entre la jeune d'Étrées, qui passait autour de son col son bras d'albâtre, et un Amour, qui plaçait une couronne sur l'Autel de Vénus. Fatime et moi, nous nous regardâmes : l'idée enchanteresse de l'allégorie fit couler, de concert, de nos yeux, des larmes d'attendrissement, et nous reconnûmes que nos cœurs étaient d'intelligence.

Il y avait, dans la grotte, une seconde enceinte circulaire, où, à l'époque de mes anciennes amours avec la Thessalienne, j'avais écrit à l'Enchanteresse cet Hymne sur

la Pudeur, qui avait ennobli, peut-être, aux yeux du Sage, ma première jouissance : l'Hymne subsistait encore, gravé en lettres d'or, sur une table de marbre de Paros ; et, en face de ce monument, on voyait un Autel, décoré dans le costume de la Religion grecque, où un Pontife, avec son cortège de Ministres et de témoins, semblait nous attendre pour nous unir. Ce dernier coup de théâtre amena le dénouement ; Fatime ne doutait plus qu'elle ne touchât au bonheur, et que ce bonheur ne lui vînt de la main de sa rivale. Alors elle se précipite aux genoux de l'espèce de Fée qui la représente ; celle-ci la relève, et, nous prenant tous deux par la main : « Couple céleste, dit-elle, je vous tiens lieu
» de mère, et je vous donne l'aveu que votre
» vertu doit attendre de ma tendresse : soyez
» plus heureux que celle qui vous unit : votre
» félicité est ma dernière jouissance, avant
» d'entrer dans la tombe : je n'exige de vous
» qu'une seule reconnaissance, c'est d'être
» les dépositaires d'une lettre qui m'est bien
» chère, et de jurer devant ce Ministre saint,
» qui va épurer vos amours, que vous re

» l'ouvrirez pas avant vingt ans. Le voici, ce
» dernier gage de ma triste amitié : ne trem-
» bles pas, Fatime, en le plaçant dans ton
» sein. Et toi, Platon, j'espère que tu ne
» seras pas assez ennemi de toi-même, pour
» tromper mon attente ; reprends ta séré-
» nité, monte à l'Autel, et sur-tout ne m'in-
» terroge pas. »

Le Pontife n'attendait que ce signal, pour remplir son auguste ministère : il ratifia les sermens que nos cœurs s'étaient déjà faits, et le Ciel nous permit d'être heureux.

Le Pontife retiré, notre Bienfaitrice s'approche, à pas lents, de l'Autel, le dépouille de tous les symboles de la Religion de nos Pères, et y substitue les Myrthes de Paphos et les Colombes de Vénus.

Ensuite, à un signal qu'elle donne, un jeune Ministre du Pontife reparaît. Il venait de changer la Robe de lin et la Thiare du Culte Grec contre les ailes, le bandeau et l'écharpe légère de l'Amour : comme son corps, dessiné à l'antique, présentait les formes heureuses de l'Apollon du Belvédère, il ne perdait rien à la métamorphose.

Il ne manquait plus que de nous mettre en scène, Fatime et moi, pour répéter dans son entier le beau tableau de la Henriade. La fille de Soliman n'attend pas un aveu que son cœur a pressenti d'avance : elle me fait asseoir sur un lit de verdure et m'enlasse de ses beaux bras, tandis que le nouveau Cupidon pose, en riant, une Couronne sur l'Autel de Vénus.

Tous ces événemens se passaient en pantomime : le silence nous était commandé par l'obéissance religieuse que nous avions vouée à notre Bienfaitrice, et encore plus par le trouble dont nos cœurs étaient agités, trouble voluptueux qui aurait perdu ses charmes, si nous avions cherché à nous répandre.

« Tous mes vœux sont remplis, dit alors
» l'Ordonnatrice de cette fête : j'ai fait des
» heureux, et je le suis aussi.

» Maintenant, il faut vous récompenser
» tous deux, de ce que trompant par vertu,
» la juste impatience que vous aviez de me
» connaître, vous n'avez point cédé au desir
» indiscret de m'interroger.

» Fatime, vois cet Amour, qui dépose à
» tes pieds son carquois : il doit t'être cher :
» c'est le jeune esclave que tu as dérobé à
» l'incendie, et qui avait déjà acquité une
» partie de sa dette, en te dérobant, à son
» tour, aux embrassemens coupables du fils
» du Bacha de Belgrade.

» Platon, je ne dois pas être tout-à-fait
» inconnue pour toi, quoique l'âge et sur-
» tout la douleur aient altéré ma voix et mes
» traits. Je suis la mère de cet enfant de la
» Nature, que tu as tant aimée, de cette
» infortunée qui n'a su te punir de son
» abandon qu'en me chargeant, s'il s'agissait
» de ton bonheur, de te jetter dans les bras
» de sa Rivale.

» Platon, Fatime, n'embrassez pas mes
» genoux : vous rendriez trop amers les
» adieux que je vous fais ; car ils sont éter-
» nels : je le sens assez, à mon cœur qui se
» déchire, et au regret que je m'étonne
» d'éprouver, de n'avoir plus qu'à mourir.

» Je vais, si ma destinée le permet, re-
» trouver dans un Monde nouveau, l'enfant
» céleste que Platon a perdu, bien moins

» que moi ; puissai-je, protégée du Ciel,
» dans les mers inconnues que j'ai à tra-
» verser, arriver assez à tems pour réchauffer
» son ame glacée, par le récit de votre bon-
» heur, lui faire oublier ses sens, en redou-
» blant les jouissances de sa grandeur d'ame ;
» et quand les grands devoirs que m'impose
» ma tendresse, seront remplis, tomber dou-
» cement, en la tenant embrassée, dans le
» sein de la Nature !

» Adieu, vertueuse Fille de Soliman ;
» adieu, jeune Sage, dont je m'honorais
» un jour de devenir la mère. Avant que le
» Soleil ait doré l'Olympe de ses derniers
» rayons, je ne foulerai plus ce sol heureux
» de la Grèce, où je suis née. Conservez tous
» deux la douce mémoire de l'Amante, de
» l'Amie, qui vous unit aujourd'hui par ma
» main, et que vous êtes condamnés à ne
» revoir jamais : sur-tout, ne rompez pas
» des nœuds que l'Amour semble avoir tissus.
» Et si votre bonheur commence par les
» Sens, qu'il se fortifie par l'Entendement,
» et qu'il soit couronné par la Vertu. »

# CODE DU BONHEUR,
## POUR LE MARIAGE.

IL y a bientôt vingt ans, Éponine, que je reçus la main de ta mère, dans l'enceinte de mon Temple de la Nature. Cet hymen n'était point de nature à devenir fortuné : Fatime, la vertueuse Fatime se vit entraînée, comme tu le sais, par une fatalité cruelle, à rompre la foi conjugale. Moi-même, malgré ma Philosophie, je fus long-tems poursuivi, jusques dans ses embrassemens, par le souvenir de sa Rivale. J'ai connu le bonheur, cependant : pourquoi, ma fille, ne deviendrait-il pas aussi ton partage, toi, que jamais personne n'aborda, sans en concevoir l'idée enchanteresse, toi qui as d'autant plus de droits à un cœur qui t'est dû, que tous ceux qui te sont étrangers deviennent bientôt ta conquête.

Au reste, je ne dois point le dissimuler : je n'ai vraiment commencé à goûter le bonheur pur que la morale promet à deux époux, je n'ai commencé à en réduire les principes en Code philosophique, que du moment que Fatime devint mère. Alors, des devoirs attachans, dans leur apparente austérité, vinrent me dérober à des illusions qui corrompaient ma sensibilité. La Thessalienne n'occupa plus qu'un point fugitif dans le lointain du tableau, et tout le premier plan se trouva rempli par Éponine et par la Vertu.

Peut-être, ma fille, que ce Code est moins fait pour toi, que ta modestie ne te le fait imaginer : car n'ayant pas, comme les auteurs de ta naissance, des passions tumultueuses à combattre, ou de grandes erreurs à réparer, le Ciel doit entremêler, de plus de jours sereins, les longues nuits de ta vie. Mais enfin, tu es mère, à ton tour; les jours purs dont tu jouiras ne s'étendront sur ta famille, que lorsque ta sagesse en prolongera la sérénité. Je vais donc réunir, en un seul foyer, les rayons épars, dont vingt ans de recherches ont enrichi mon expérience; mais quand les faits manqueront à ma vie orageuse,

orageuse, je les prendrai dans ta vie paisible ; alors, dans ce que ma raison, mûrie de celle de vingt siècles, prescrit, tu trouveras ce que l'instinct de ta prudence a fait, tu reconnaîtras les couleurs dont tu as embelli ma palette, et insensiblement tu partageras la gloire du Peintre, en croyant n'être que le modèle.

Mon Code a quelques droits a tes regards, parce que la Théologie n'en a pas dégradé le germe, et que le Philosophisme n'en a pas empoisonné les résultats ; il peut être faible, d'après mes longs malheurs, qui, en accélérant l'hiver sur ma tête, ont dégradé mon génie ; mais il est pur, comme le Ciel qui l'a fait naître, et ton cœur qui doit le juger.

Cette espèce de Constitution pour les époux, termine naturellement une Philosophie du bonheur, destinée à éclairer tous les degrés de la hyérarchie sociale ; car le mariage est la pierre angulaire de l'édifice de la morale : organiser le bonheur pour des époux, c'est établir l'intelligence entre les enfans et les pères, resserrer les nœuds sacrés dans l'intérieur des familles, et éterniser l'harmonie et la paix dans les gouvernemens.

---

Quand les convenances sordides de l'intérêt n'ont point remplacé les convenances, si touchantes, de la sensibilité, et que le contrat conjugal a été dressé par le cœur avant d'être signé par la main, on ne perd point le titre d'Amant, en prenant celui d'Époux : c'est même l'illusion commune de tous les Êtres neufs, de croire à l'éternité des sermens d'amour, quand ils ont été reçus aux Autels : comme si une Révélation pouvait réunir ce que le tems divise sans cesse : comme si un Prêtre créait, avec des paroles, ce qui est anéanti de fait par la Nature !

Non, Éponine, il n'y a rien d'éternel sur ce Globe, pas même l'amour pur et sacré que tu fais naître ; mais il est de ton intérêt d'en attiser le feu, tant qu'il te restera quelque étincelle d'une passion qui te rendit heureuse ; et quand l'âge amènera l'hiver de ta sensibilité, d'en réchauffer encore la cendre par les plaisirs de réminiscence, qui en éternisent l'image.

L'art de rester Amant, quand on devient Époux, est un secret qui semble s'être totalement perdu dans les Capitales de l'Europe; pour le retrouver, il faut abjurer les jouissances perverses du luxe, et si l'ame flétrie a perdu son ressort, la remonter par degrés avec la clef de la Nature.

La première mesure, et la plus efficace, peut-être, est que le sexe le plus fort attaque toujours, comme s'il n'avait point de droits, et que le plus faible résiste, comme s'il les avait tous, sans se rendre tout-à-fait, même après avoir cédé la victoire.

Cette résistance légitime, dans un sexe qui n'est fort que de sa touchante faiblesse, doit s'exercer au sortir même des Autels : c'est alors que la tyrannie de l'usage se réunit à la tyrannie de la Religion, pour dire à Éponine : Tu n'es plus à toi ; et qu'Éponine, fière d'une pudeur, qui doit survivre à tous les naufrages, répond, avec la Sophie d'Émile : Je m'appartiens assez pour commander même à mon maître.

L'Orient, à cet égard, a conservé les mœurs pures des premiers âges : l'Époux, despote absolu, quand il s'agit des biens de sa Femme, ne s'est point arrogé de suprématie sur ses plaisirs ; la nuit de l'hymen est rarement celle de son bonheur : il sait qu'une résistance prolongée ennoblit sa conquête ; et ce qu'il perd, au premier coup-d'œil, en jouissances d'amour, il le retrouve au centuple en jouissances de la vanité.

La Religion Européenne a interverti, sur ce sujet, toutes les bases de l'hymen : elle a ôté à l'épouse la propriété de cette pudeur, sans laquelle une Femme n'est rien ; et, après l'avoir traînée à l'Autel, pour en faire une esclave, elle la traîne encore au lit nuptial, pour en faire une victime.

De-là toutes les erreurs qui dénaturent la félicité des Époux, et souvent, par contrecoup, tous les délits qui l'anéantissent.

Le despote qui a appris, la première nuit de ses noces, qu'il n'avait besoin, pour être heureux, que de sa toute-puissance, ne songe plus à en acheter le droit par ces soins touchans, par ces épanchemens de confiance, par ces caresses, à-la-fois timides et ardentes, qui commandent le retour : et, à force de ravaler son cœur, jusqu'à en faire l'instrument passif de ses sens, il éteint en lui le desir, sans lequel il n'y a point de jouissance.

L'Épouse, condamnée, par les mœurs de l'Europe, à l'esclavage domestique, souffre encore plus de l'abandon qu'elle a fait de sa pudeur, au moment où il lui était le plus important d'en disputer la conquête; faible une fois, il faut qu'elle le soit toujours: en vain, dans la suite, rappellant en elle le sentiment éteint de sa dignité, voudrait-elle, en cédant à un maître toutes les sortes d'empire, recouvrer le seul qu'il lui était impossible d'aliéner, celui des plaisirs : son premier acte de cession a constitué une espèce de droit pour le vainqueur : celui-ci ne se dessaisira pas d'une propriété, qui dispense son orgueil de la sujétion de la déférence ; et, ce qu'il peut ordonner avec empire, il ne descendra pas à en faire l'humble apanage de la prière.

Croyez-moi, jeunes Époux, qui avez la

sagesse de vouloir rester long-tems Amans,
ne croyez, ni à un usage absurde, ni à une
Religion impérieuse, qui créent des droits
absolus, où il n'y a que des sacrifices volon-
taires : que l'Autel ne soit pour vous que
le garant de vos sermens, et non le signal
de vos triomphes amoureux ; et ne sacrifiez
pas à une jouissance fugitive la félicité d'une
vie entière, que vous voudriez dérober à-
la-fois à l'ennui et aux remords.

J'aime, Éponine, à citer ta mère, quand
il s'agit de sacrifices, qui honorent ton sexe.
Non, jamais elle ne fut plus sublime qu'au
moment, où elle semblait se confondre avec
les Femmes vulgaires. Nous étions restés
seuls dans la grotte de Didon : mes yeux
étincelaient de desirs ; la main de Fatime,
qu'elle m'avait abandonnée, tantôt se portait à ma bouche, tantôt se pressait sur
mon cœur : je lui montrais, d'un air timide-
ment audacieux, le lit de verdure, où l'Amour
heureux avait reçu mon premier hommage :
tout-à-coup elle se déroba à mes caresses
ardentes, et tombant à mes genoux, elle me
parla ainsi :

« Platon, je suis à toi, et je l'étais, avant
» que l'Autel vînt légitimer ma tendresse,
» avant même que la fatalité qui me pour-
» suit, et dont je triomphe, m'eût donné
» une Rivale.

» Mais être à toi, n'est pas perdre l'es-
» time de moi-même : les nœuds sacrés qui
» nous unissent, ne m'ont pas ôté le seul
» bien dont je m'honore, cette pudeur que
» je reçus du Ciel, antérieurement à toutes
» les conventions sociales, et que je dois
» garder jusqu'au tombeau, si je veux rester
» au niveau de ta vertu.

» Ne dégrades pas, je t'en conjure, tout
» ce qui me relève à tes yeux, en le con-
» fondant avec cet or vil dont je t'ai fait
» le dépositaire : mon innocence a quelque
» valeur, sans doute, puisque tu ne soupires
» qu'au moment de me la faire perdre : elle
» mérite donc que je te la dispute, et que tu
» n'en jouisse pas, sans en avoir tenté la
» conquête.

» Sois assez grand, mon Ami, pour me
» rendre ce que la loi n'a pu te donner :
» laisse-moi disposer, non de cette main

» que je livre à ta tendresse, non de ce
» cœur qui s'est identifié avec le tien, mais
» de ce que, dans toutes les langues de
» l'Europe, on appelle les faveurs d'une
» Femme, et qui cesseraient de l'être, si,
» avec la liberté du don, je n'avais pas celle
» du refus.

» J'aurai, sans doute, à combattre avec
» moi-même, pour réfroidir des sens que
» tu embrâses sans cesse, pour repousser des
» desirs qui m'entraînent vers toi : mais je
» te dois compte de ton propre bonheur :
» en le précipitant, tu le perds ; en le sus-
» pendant, je l'éternise.

» Pardonne donc, tendre Époux, à l'au-
» dace de ma prière ; ne t'offense point, si
» j'attends de ta tendresse que cette grotte,
» témoin de deux sermens contradictoires,
» ne se métamorphose pas deux fois en lit
» nuptial.

» Je sollicite une faveur plus grande en-
» core : abandonne désormais à ma géné-
» rosité l'empire du plaisir : que le lieu de
» la scène soit choisi par l'Amour, que le
» signal en soit donné par ma faiblesse, et

» sur-tout que jamais ma défaite ne soit
» commandée par la vue d'un lit nuptial. »

La beauté aimante, me demandant, à genoux, ce qui était juste, était bien sûre d'être écoutée. Je sortis avec elle de la grotte, et le baiser de la Vertu, que je ne demandais pas, fut ma récompense.

Fatime n'avait jamais menti, ni au Ciel, ni à son cœur ; elle avait demandé, avec franchise, la souveraineté sur nos plaisirs; et, après l'avoir obtenue, elle en usa avec rigueur : cinq mois entiers s'écoulèrent avant que j'obtinsse le prix le plus inestimable de l'Amour heureux, l'avantage d'être le père d'Éponine. Je murmurai long-tems de la grandeur de mon sacrifice ; mais je reconnus enfin que le refus magnanime de la fille de Soliman, était le premier anneau d'une chaîne de bonheur, qui devait embrasser tous les points de mon existence.

Si mon Éponine pouvait abaisser ses regards jusqu'à contempler le revers de ce tableau, si l'enfant de la Nature descendait jusqu'à parcourir l'intérieur pervers des nouveaux ménages des Capitales, de quel nouveau prix ne serait pas, à ses yeux, la touchante leçon que Fatime, en ne croyant s'adresser qu'à moi, donne ici à tous les Époux !

C'est pour s'être abandonnée, la première nuit de ses noces, au lieu de se laisser conquérir, qu'une Femme timide, ingénue, a perdu le droit de se refuser, dans la suite, à la profanation de ses charmes : peu de nuits suffisent au Mari, pour satisfaire sa voluptueuse curiosité ; bientôt il se blâse : la vertu automate d'une Épouse, réveille moins ses Sens, que le libertinage actif d'une Courtisane : alors des nœuds mal-adroitement tissus se relâchent, et le couple égaré, ne se sauve du supplice de vivre ensemble, que par l'opprobre de la double infidélité.

Mes yeux ont vu un trait de ce genre, qui a laissé la trace la plus profonde dans ma mémoire. Un couple, de la plus belle figure, à peine dans l'adolescence, qui s'aimait depuis plusieurs années, qui, tous les jours, croyait se le dire pour la première fois, une fois uni aux Autels, voulut s'indemniser des tourmens d'une longue attente, en prolongeant, le plus qu'il lui serait possible, l'abandon de l'Amour : le lit nuptial devint le théâtre de cette dangereuse expérience : les deux Amans y restèrent soixante heures : à la fin du troisième jour, il s'éleva entr'eux une querelle assez vive : le lendemain, on fit lit à part ; le surlendemain, on proposa de se retirer chez ses parens ; le huitième jour, on parla de poignard et de poison : la tragédie se dénoua par une séparation légale. J'ai su depuis que la jeune Femme était morte de langueur, dans un Couvent ; et que son Époux, devenu le plus immoral des Hommes, n'avait échappé que par une prison d'État à l'horreur de mourir sur un échafaud.

Il ne suffit pas, pour le bonheur de l'hymen, que l'Épouse se soit montrée une Héroïne, la première nuit de ses noces, il faut encore que cet héroïsme se perpétue, même après sa défaite, et que, malgré cent triomphes, son Amant légitime ne puisse jamais se flatter d'être heureux que par une nouvelle victoire.

Une des mesures les plus sages pour tenir

l'Époux-Amant à cette distance respectueuse, qui l'empêche de porter le despotisme jusques dans le sein du plaisir, c'est d'abolir, jusqu'à l'approche de l'hiver des ans, l'usage si absurde, et d'ailleurs si mal sain, du lit nuptial.

Lycurgue, le seul Homme peut-être de tous les âges, dont le génie respire jusques dans la tyrannie de ses loix, avait, à cet égard, donné aux Lacédémoniens des institutions, dont ils s'étonnèrent d'abord, et dont ensuite ils s'énorgueillirent : j'ai esquissé autrefois ce tableau, et c'est ici le moment de le revivifier.

« Les mariages se ressentaient, à Lacédé-
» mone, des institutions militaires, qui lui
» avaient organisé une Patrie. Le jeune Guer-
» rier, qui voulait épouser son Amante, était
» obligé de l'enlever. Après cet acte de vio-
» lence, on rasait la longue chevelure de
» la Spartiate, on lui donnait un habit
» d'Homme, et on la laissait sur une es-
» pèce de lit de repos, seule et sans lumière.
» L'Amant entrait avec timidité, déliait sa
» ceinture, la portait entre ses bras sur un

» lit plus élevé ; et, après l'avoir entretenue
» quelque tems, se retirait modestement,
» pour passer la nuit à l'ordinaire, dans le
» gymnase, où étaient les compagnons de
» ses exercices. Les jours qui suivaient son
» mariage, le couple avait moins de liberté
» encore : loin de pouvoir s'énerver même
» dans des plaisirs légitimes, ils n'avaient
» la liberté de se voir qu'à la dérobée, et ce
» commerce secret, au rapport des Historiens, durait quelquefois si long-tems,
» que souvent des Maris avaient des enfans,
» avant que le Public fût instruit qu'ils
» avaient des Femmes. »

On se doute qu'il n'y avait point de lit nuptial, parmi ces Hommes organisés par Lycurgue, dont le mariage même était un hommage rendu à la Patrie, et qui mettaient à se cacher pour être heureux, le même soin que nos Sybarites prennent pour se montrer, quand ils ne le sont pas. On peut sourire de dédain dans les Boudoirs des Courtisanes sur ces institutions, qui accusent la mollesse de nos mœurs : mais le Sage en sent le prix, quand il cherche les élémens du bonheur dans cet Enfer prolongé, qui caractérise la plupart des mariages.

D'après ces bases fondamentales, Éponine suivra aisément toute ma théorie sur les plaisirs de l'hymen, jusques dans ses derniers résultats.

L'Épouse, par sa résistance magnanime, la nuit de ses noces, par son refus absolu d'admettre jamais un lit nuptial, ayant légitimé l'empire que la Nature lui a donné dans le domaine des plaisirs, ne doit jamais, sous aucun prétexte, se dessaisir des rênes du gouvernement : il lui importe d'être avare de ses faveurs, quand on y met un grand prix, et sur-tout quand on paraît les dédaigner; car laisser avilir, par l'abandon, ce qui n'a de charmes que par une douce résistance, c'est rendre inutiles à la félicité jusqu'aux premiers élémens qui la constituent.

Les Théologiens de quelques cultes révélés, opposent à ces spéculations philosophiques ce que, dans leurs institutions sacrées, ils appellent le devoir conjugal.

La Nature, Oracle plus sûr que toutes les

Religions émanées des Hommes, n'admet pas deux bases contradictoires dans ses loix fondamentales; elle ne dit pas: l'Amour tour à tour sera un enchanteur qui attire, et un tyran qui repousse; il embrâsera dans l'Amant, sous le titre de plaisir, et il glacera dans l'Époux, sous celui de devoir.

L'Auteur d'Émile, qui a un peu mieux connu la nature humaine, que les imposteurs sacrés qui depuis plus de quarante mille ans la calomnient, a très-bien observé que par la raison même que la volupté conjugale serait un devoir, elle cesserait d'être volupté: il est bien évident que la contrainte est incompatible avec cette fleur de jouissance que les idées morales savent tant ennoblir; et que l'Époux, qui abordait sa sensible moitié avec des sens, si son imagination s'attriste, à la vue du devoir, ne trouvera plus, dans ses bras, que sa raison.

Il n'existe qu'un devoir dans l'amour, comme dans le mariage; c'est que l'Être le plus fort sache attaquer, et que l'Être le plus faible sache se défendre.

Le plus grand fléau de la félicité conjugale

serait peut-être, si cet ordre essentiel était interverti ; si la Femme portait l'audace jusqu'à attaquer, et l'Homme l'avilissement de l'égoïsme jusqu'à se défendre. Ici, ma fille, j'ai besoin de déchirer quelques voiles, que ma philosophie jusqu'ici se plaisait à épaissir ; ton bonheur m'est trop cher pour qu'une circonspection pusillanime vienne enchaîner ma plume ; cependant que ta Vertu ne s'alarme pas mal-à-propos : je puis offrir à Éponine, mère, des tableaux dans le genre libre de l'Albane, que j'aurais cachés à Éponine, vierge encore. Mais la demi-nudité de mes personnages sera toujours entourée d'une gaze de décence : si je m'éloigne un peu de l'austérité de Zénon, je serai à un plus grand intervalle encore du cynisme de Diogène.

L'Homme et la Femme sont bien destinés à être heureux par les mêmes élémens, par ce plaisir que, dans l'amour, ils respirent également, et qui n'a quelque énergie que quand il est partagé : mais il s'en faut bien que les deux sexes y concourent par les mêmes moyens : l'un y apporte la touchante faiblesse

blesse de ses graces, et l'autre la vigueur de ses organes.

De ce que l'un des deux sexes est essentiellement faible, il s'ensuit qu'épuisant moins ses principes générateurs, il est presque toujours prêt à recevoir les attaques de la force. De ce que l'autre est essentiellement fort, il en résulte que, contraint sans cesse à des intervalles de repos, il s'exposerait à tromper l'attente de la faiblesse, si celle-ci se permettait de provoquer des plaisirs, que souvent la lassitude combinée des sens et du cœur désavoue.

Cette loi immuable forme pour le sexe la ligne de démarcation, entre l'audace de ses desirs et la timidité des caresses qui les manifestent.

Quelque impétueuse que soit la pente qui entraîne une Femme dans les bras de son Époux, jamais elle ne doit y obéir: l'expérience qu'elle tenterait, serait trop dangereuse; car, ou elle ne réussirait pas, et alors l'amour-propre du vaincu serait compromis; ou elle aurait du succès, et alors le retour de la pensée du vainqueur sur une provocation qui blesse sa délicatesse, empoisonnerait sa jouisance.

La Femme sensible, qui veut se conserver par ses caresses l'Amant que son cœur a choisi, et que la loi lui a donné, ne se persuade pas assez combien il lui importe de ménager, soit son amour-propre, soit sa délicatesse. L'erreur, dans la première hypothèse, conduit l'Époux à se tenir éloigné de l'Épouse qui l'humilie : l'erreur, dans la seconde, le conduit à lui ôter cette estime raisonnée, sans laquelle l'amour vertueux n'est rien.

C'est la tendresse, je le sais, qui entraîne une Femme vertueuse dans les bras d'un Mari qui ne l'appelle pas : mais, après quelques mois d'hymen, quand la curiosité des sens est satisfaite, toute tendresse qui n'est pas raisonnée, manque son but : on relâche les nœuds qu'on a resserrés sans méthode, et l'infortunée qui accuse de son abandon l'Être qu'elle aime encore, l'a rendu elle-même ingrat à force de mal-adresse.

Sexe charmant, si sûr de régner par tes graces modestes, d'enchaîner la force par ta touchante faiblesse, n'intervertis donc pas l'ordre si sage de la Nature; ne te dégrades pas jusqu'à provoquer sans fruit l'Être, que tes refus agaçans attireraient bien mieux : ne quittes pas ce beau rôle de Femme, par lequel l'Univers est à tes pieds, pour prendre celui d'Homme, auquel, malgré le talent de Ninon même, tu ne réussiras jamais.

Ce n'est pas à toi que j'adresse ce vœu, céleste Éponine, toi qui pressentais, avec ta seule honnêteté, ces lois auxquelles ta philosophie n'osait atteindre; toi, qui vis sans cesse croître ta pudeur à raison du délire de tes sens; toi, qui eus toujours une trop haute idée des noms sacrés d'Épouse et de Mère, pour te ravaler, par d'indignes provocations, jusqu'au métier vil et abject de Courtisane.

Mais, diront les apôtres secrets du Cynisme, est-ce que la Femme la plus vertueuse peut se refuser à une sorte d'abandon, dans ces momens d'extase, où l'ame, toute entière, ne semble exister que par ses sens? Y a-t-il des loix, où l'on ne conçoit que du délire? Et qu'est-ce qu'une froide Philosophie, au milieu des explosions volcaniques de l'Amour?

Assurément je suis loin de prescrire un Code de raison à des Êtres en délire : mais pourquoi citer ces rapides éclairs, qui datent à peine dans la longue nuit de la vie? D'ailleurs, je ne croirai jamais à un oubli absolu, de la part de la Femme bien née, au milieu même des transports de la jouissance. Lucrèce sans voile, comme la Vénus de l'antiquité Grecque, qui sort du sein des eaux, était revêtue de la chasteté de ses regards : je n'ai jamais, dans les luttes de l'Amour, distingué Fatime embrâsée de desirs, de Fatime dans le calme de ses sens, si ce n'est parce que, sous le premier aspect, elle oubliait de rougir.

Quelque sophisme qu'on adopte, les loix de réserve que j'indique à l'Épouse, pour assurer la félicité de son hymen, sont de l'observation la plus rigoureuse. Il ne lui est pas plus permis d'y renoncer qu'à son sexe : le moindre danger de l'infraction, serait de déchirer, pour ainsi dire, l'Être avec qui on a juré d'entrer dans la tombe ; de faire divorce avec l'Amant, quand on reste froidement enchaîné avec l'Époux.

Maintenant que la pudeur de l'Épouse est en sûreté, cette pudeur, la seule propriété qui lui reste, quand la loi lui a tout ôté, j'invite le digne objet pour qui j'esquisse ce tableau, de ne point porter, je ne dis pas la réserve, mais l'appareil fastueux de la réserve, au point d'éteindre, jusques dans son foyer, la flamme vertueuse d'un Époux : la Mythologie Grecque plaçait la Statue de la Persuasion, ainsi que le Grouppe des Graces, à côté du Buste de l'Hymen ; et cette allégorie charmante vaut, en ce genre, un Code tout entier de félicité : on conçoit, d'après un pareil emblème, que l'Épouse, qui veut se ménager un avenir heureux, doit être chaste sans être froide, sur-tout montrer de la décence sans caprice ; car l'inégalité est le poison lent des mariages, comme des Démocraties : elle voile l'innocence du cœur, et médit de la vertu.

Jusqu'ici je n'ai envisagé que la Femme, dans mon Code du mariage : c'est que seule ayant le gouvernement du plaisir, seule elle en doit connaître et dispenser les loix : c'est qu'il ne tient qu'à elle que l'Époux bien né, que sa tendresse a choisi, reste toujours Amant : c'est que, la Nature lui ayant donné, comme Homère à sa Vénus, une ceinture des Graces, il dépend d'elle de ne la délier qu'avec réserve, graduellement, et sur-tout sans laisser éteindre tout-à-fait le desir : car telle est la nature de l'Homme, que du moment qu'il ne desire plus, il perd ses droits à la félicité.

Achevez votre carrière, couple charmant, que ma plume a tort d'arracher au pinceau enchanteur de Tibulle et de Fénelon : prolongez, le plus qu'il vous sera possible, tantôt avec les sens, tantôt avec l'imagination qui les supplée, les douces illusions de l'amour; que ses feux tutélaires, après avoir embelli votre aurore, fécondé votre midi, répandent encore une teinte de bonheur sur votre couchant : songez qu'entre des Êtres purs, l'amitié même a un charme indéfinissable, quand elle refléchit quelques faibles rayons de l'Amour : songez que, dans l'hiver même de l'âge, il ravive le talent qui s'éteint, puisqu'il a rendu immortelle la verve octogénaire de Saint-Aulaire et d'Anacréon.

Enfin, le Tems vient, avec ses doigts de plomb, amortir tout ce que la Nature a mis de feu-principe dans les organes de l'Homme et dans son intelligence : mes amis, n'attendez pas que l'Amour vous quitte, pour le quitter vous-mêmes ; n'employez pas sa puissance à couvrir la nullité, et ses feux générateurs à vivifier un cadavre.

Éponine, nous ne sommes plus dans ce siècle d'or, où la Nature, plus près de son origine, faisait partager à tous les Êtres l'énergie de son adolescence : l'âge même, si voisin de nos Empires, où Massinissa octogénaire donnait des héritiers au trône de Numidie, a disparu : n'attendons pas des prodiges de nos mœurs perverses, de nos organes éteints, et de nos institutions pusillanimes : et quand l'Homme n'est plus que l'ombre de lui-même, qu'une Épouse prudente aie le courage de renverser de dessus son Autel le vain simulacre de l'Amour.

Il m'en coûte de dire des vérités cruelles

à des couples sensibles, qui n'ont, ni la philosophie de mon Éponine, ni sa magnanimité : mais mes calculs sévères sont loin de favoriser le prestige, qui prolonge jusqu'aux portes de la tombe les amours des Époux : quand l'Être, qui a en partage les graces, atteint quarante ans ; quand celui dont l'apanage est la force, ajoute un lustre à son demi-siècle, la carrière est remplie ; et les deux athlètes, de concert, doivent fermer la barrière.

Mais quelles jouissances restent à un couple encore sensible, à qui la Nature interdit de s'aimer ? Quelles jouissances ? Est-ce que leur cœur ne s'ouvre qu'à l'impulsion des Sens ? Est-ce que, quand on cesse d'être Amant, on ne reste pas le citoyen de sa Patrie, l'Ami de ce qu'on idolâtra un jour, le Père de ses enfans ?

L'Amour, il est vrai, dans le tems où il était dans toute la plénitude de sa puissance, indiquait, sans préceptes, la route du bonheur conjugal. Maintenant qu'il ne s'offre plus que dans le lointain de la perspective, il faut mettre plus de précision dans les maximes philosophiques dont mon Code est composé : je me permettais, il y a un moment, des hymnes en l'honneur de la Nature ; actuellement, je ne dois plus adopter que la raison froide des Législateurs.

Lorsque l'Amour s'en va, le caractère reste : or, si ce dernier ne s'assimile pas avec les élémens du bonheur, on est condamné, tant qu'on respire, au supplice de Mezence, à être lié vivant à un cadavre.

Le caractère est la vraie pierre-de-touche des bons ménages ; l'Homme vain cherche de la naissance dans l'hymen ; l'avare veut de l'or ; l'Épicurien envisage la beauté ; pour le Sage, il dédaigne la naissance, qui n'est qu'un préjugé, l'or qui pèse, la beauté qui passe ; il ne demande que le caractère, et, avec lui, il est heureux.

Il y a des caractères sortis avec tant de perfection du moule de la Nature, qu'ils identifient avec eux tout ce qui les environne. Le Philosophe le plus éloquent de ce siècle, en a tracé les modèles dans les deux Héroïnes de son Héloïse et de son Émile ; et ce serait une critique bien amère de notre ordre social, si de dignes Époux, qui aspirent à les imiter, ne les rencontraient que dans des Romans.

La première nuance de ce caractère céleste, sans lequel mon Code du bonheur n'est lui-même qu'un vain Roman, est l'égalité inaltérable de l'humeur. Cette égalité dépend d'abord d'un excellent fonds originel, ensuite d'une longue étude du choc des passions, et de la contrariété des événemens. La Nature en offre le germe, et ce germe se développe de lui-même par la Philosophie de l'Amour, combinée avec celle de Zénon et de Marc-Aurèle.

L'Homme connait rarement le caractère de la Femme, qu'il a le plus aimée, tant celui-ci est souple, tant il se modifie avec art, d'après le jeu de l'intérêt individuel ! Ce caractère, dans le sexe, a la mobilité de Protée ; ses nuances fugitives s'échappent au moment où le pinceau veut les saisir ; tel fut, pour mon malheur, celui de la Rivale de Fatime. Jamais Être plus parfait ne parut sourire à mon imagination embrâsée, jamais la raison ne parla avec plus d'aisance le langage des Graces, jamais on ne parut se dépouiller avec plus de franchise de son naturel pour revêtir le mien ; et cependant, elle ne payait mes bienfaits que par l'image d'un amour qu'elle n'avait pas. O Éponine, pardonne à un élan de mon indignation, qui ne renferme peut-être qu'un blasphême ; mais quand on a été trompé par une telle Femme, il n'y a plus que le titre de ton Père, qui puisse faire croire que le caractère du sexe soit de nature à s'assimiler avec la Vertu.

Le caractère de l'Homme se décèle par des signes bien plus manifestes, soit que l'habitude du commandement lui fasse dédaigner le petit manège de l'hypocrisie ; soit que, par haine pour la contrainte, il secoue bientôt le masque que la politique du moment lui a fait revêtir. Il est démontré, par l'expérience sociale, que l'Épouse, au bout de quelques mois, peut lire, à son gré, dans tous les replis du cœur de son Époux ; tandis que celui-ci voit quelquefois la tombe se refermer sur lui, avant d'avoir dévoilé celui de sa moitié, avant d'avoir trouvé le mot de cette grande énigme, mot sur lequel reposait la théorie du gouvernement de famille, l'harmonie entre les chefs et leur commune félicité.

Pénétré de cette vérité terrible, et voulant me dérober à une fatalité qui semble poursuivre les ménages les plus purs, j'ai eu recours à un expédient, qui m'a également réussi, soit dans l'hymen, dont l'Amour seul dressa le contrat, soit dans celui que je m'honore d'avoir contracté sous les auspices de la loi.

Cet expédient consiste dans l'explosion de la franchise la plus pure, amenée à l'époque du dernier serment, par une double confidence.

Ma Thessalienne était dans mes bras, ivre à-la-fois de son amour et du mien : je profitai d'une dernière lueur de Philosophie, qui me restait encore, pour l'amener au Sanctuaire, alors entier, de mon Temple de la Nature, et je lui parlai ainsi :

« Nous nous aimons : nos yeux étincelans
» de desirs, nos cœurs oppressés, nos larmes
» confondues l'attestent assez ; mais qui nous

» répond que le tems, l'habitude, la contagion
» de l'exemple ne relâcheront pas les nœuds
» les mieux assortis ; que nous ne serons
» pas forcés, un jour, par la vertu même, à
» renverser l'Autel où nous allons sacrifier ?
» Qui nous en répond ? Notre caractère : et
» c'est ici que nous devons porter le flambeau
» dans notre intérieur, arracher à l'amour-
» propre ses secrets, et, en nous confiant
» le tableau fidèle du passé, soulager notre
» imagination du fardeau de l'avenir, qui
» l'écrase.

» Ce double épanchement doit être aussi
» entier, aussi vrai, que s'il se faisait en
» présence de l'Ordonnateur des Mondes ;
» la plus légère réticence compromettrait
» notre bonheur futur, et serait un délit
» inexpiable aux yeux de l'Amour.

» Quelque graves que soient nos erreurs,
» il faut que le simple aveu les répare :
» quelque empreinte de faiblesse que portent
» nos habitudes, il faut, en nous les dévoi-
» lant l'un à l'autre, nous en assurer le par-
» don à jamais.

» Oui, contempler nos deux caractères,

» dans toute leur nudité, est l'unique plan-
» che que le Ciel nous offre dans la mer
» orageuse des passions, pour sauver notre
» amour du naufrage.

» Je te dirai, digne moitié de moi-même,
» tout ce que les Hommes ont fait pour
» dégrader mon excellence originelle, et ta
» douce morale me ramènera sans peine à
» la Nature.

» Tu essaieras d'affaiblir mon idolâtrie,
» en exposant à mes regards les imperfec-
» tions légères qui t'empêchent d'être le chef-
» d'œuvre de ton sexe; et, en te connaissant
» mieux, j'appréhenderai moins que ma
» passion ne s'affaiblisse : je donnerai un
» cours raisonné à la pente impétueuse qui
» m'entraîne vers toi, et ce que je perdrai
» en enthousiasme, je le gagnerai en véritable
» amour.

» Notre double confidence peut offenser
» quelques minutes notre vanité, si cepen-
» dant il en est, quand on s'aime pour la
» première fois ; mais, pendant le cours
» d'une vie entière, elle nous disposera à la
» tolérance; elle fera dériver l'harmonie de

» la dissonance même de nos passions, et
» elle nous conservera l'estime de nous-
» mêmes, en empêchant notre faiblesse de
» dégénérer en perversité. »

Après ce préambule, que l'innocence de mon Amante accueillit avec transport, je me peignis à ses yeux avec des couleurs que la Nature elle-même n'aurait point désavouées ; je mis dans une balance à-peu-près impartiale mes qualités et mes défauts, chargeant exprès le dernier bassin, afin que l'examen plus approfondi ne pût me nuire. Cette vertueuse supercherie se pardonne aisément, parce qu'on ne tarde pas à en faire honneur à la délicatesse.

L'enfant de la Nature était en extase ; il en sortit pour faire sa propre confession : je vis avec charme que cette femme supérieure, glissant légèrement sur les qualités brillantes que le Ciel lui avait prodiguées, appuyait avec force sur les défauts mêmes qu'elle n'avait pas. Son caractère, d'ailleurs, fut dessiné avec une fidélité de crayons, que j'admire encore ; elle n'oublia qu'un trait, et ce trait m'a perdu : c'est que l'impétuosité de sa reconnaissance pouvait égarer son amour, jusqu'à compromettre sa vertu.

Ma seconde expérience se fit sur Fatime, et elle eut tout le succès que je pouvais attendre : ta mère ne dissimula pas l'unique défaut qui pouvait assimiler cette Femme sublime avec les Êtres vulgaires de son sexe, sa soif ardente du commandement. Loin de chercher à affaiblir l'impression que pouvait faire sur moi ce funeste secret, elle porta la générosité jusqu'à me faire pressentir ses écarts, si j'osais l'abandonner un jour à son inexpérience : je crus que cet aveu magnanime pouvait me dispenser d'une surveillance qui pesait à ma délicatesse ; je m'absentai un jour, et le lendemain le Grand Seigneur la fit Sultane. Ce délit d'un moment, que Fatime a réparé par une vie entière de remords, ne doit peut-être s'imputer qu'à moi : on m'avait averti de l'orage, j'abandonnai le gouvernail, et le vaisseau alla se briser contre les écueils.

En général, le meilleur Phare pour éclairer les écueils de la vie conjugale, est la double confidence.

Mais

Mais ce Phare ne remplit l'effet que la Philosophie en attend, que lorsque les épanchemens sont le résultat d'un amour senti à-la-fois et inspiré, qu'ils n'ont point été préparés par l'hypocrisie du sentiment, et qu'ils précèdent le mariage.

Dans les grandes villes, où, soit le vil intérêt, soit d'absurdes convenances sociales préparent les mariages, où l'on s'unit sans se connaître, où l'on se jure d'être l'un à l'autre sans s'aimer, l'art précieux de dévoiler les caractères échoue avec le secret de la double confidence.

Alors il ne reste au Sage qu'un moyen de préparer l'harmonie dans son cœur et dans sa maison, c'est d'imiter Ulysse, quand il découvrit Achille, déguisé en femme, à la cour de Lycomède, et d'exposer le caractère, qu'on a tant d'intérêt à connaître, à toutes les tentations qui peuvent le forcer à se dévoiler : Éponine pressent d'elle-même la marche d'une telle séduction, elle se doute assez qu'elle ne doit compromettre, ni la philosophie du séducteur, ni la vertu de la victime.

Le cœur de tous les Êtres intelligens est une espèce de clavecin, sagement organisé par la Nature ; tout ce qui a intérêt à le mettre en jeu, doit s'en rendre les touches familières : il ne faut pas qu'une seule corde sonore exerce sa vibration, sans que le son qu'elle doit rendre n'ait été prévu : ces expériences, je le sais, demandent un travail assidu, une oreille singulièrement exercée, et sur-tout un tact interne, qu'on ne tient que d'un heureux naturel ; mais on est bien récompensé des frais de ses tentatives, quand on démêle le vrai caractère de l'instrument qui est destiné à faire résonner en accords ou en dissonances nos fibres sensitives : quand il résulte, de cette science de l'harmonie, la paix avec nous-mêmes et avec tout ce qui nous environne.

Le naturel une fois connu de part et d'autre, le grand art, pour être heureux, consiste en ce que chacun des deux Époux reste parfaitement libre dans tout ce qui ne nuit pas à l'ordre général et à l'intérêt individuel de la famille.

Ce n'est pas dans notre Europe moderne,

ma chère Éponine, qu'il faut chercher les vrais élémens de la liberté : toutes les Républiques, sans en excepter une seule, ont été ou en-deçà, ou au-delà : elles ont compromis le beau système de l'indépendance, par leur pusillanimité, ou l'ont fait haïr, par la férocité de leurs Codes d'anarchie.

Pour se faire une haute idée de la liberté civile et de la liberté domestique, il faut porter ses regards sur la Sparte de Lycurgue, sur l'Athènes d'Aristide, et sur la Rome de Fabricius et de Curion. Sparte sur-tout, que j'ai déjà tant citée dans cet Essai sur le bonheur, nous apprendrait jusqu'à quel point une Femme, qui appartenait à la Patrie et à un Époux, pouvait encore s'appartenir à elle-même dans l'intérieur du ménage.

Elle exerçait dans sa maison une souveraineté du second ordre, cette Lacédémonienne à grand caractère, qui, prisonnière de guerre, vendue comme esclave, et interrogée par son Maître sur ce qu'elle savait faire, répondit *je sais être libre*, et qui, le lendemain, pressée d'exécuter une chose injurieuse à son honneur, se contenta de dire avec calme, *il ne me méritait pas*, et se laissa mourir.

Il est impossible de s'arrêter un moment avec Xénophon, Plutarque et les autres abeilles de la Philosophie Grecque ; il est impossible d'extraire un peu de miel de leurs ouvrages, sans reconnaître que non-seulement à Sparte, mais encore dans les autres Métropoles du Péloponèse, toute Femme légitime jouissait, dans sa maison, d'une liberté vraiment Républicaine ; que cette liberté, quand elle se trouvait accompagnée de vertu, était de la toute-puissance ; et que, dans l'hypothèse contraire, elle était entravée, à chaque instant, par le despotisme de l'ordre, et la souveraineté de l'Époux.

Cette liberté Grecque me semble essentielle dans un ménage, pour en assurer le bonheur : plus l'habitude resserre les nœuds extérieurs, plus il faut que la Philosophie les relâche, pour que les liens du cœur, les seuls dont le Sage s'énorgueillit, conservent toute leur intégrité.

Il n'y a point de liberté sans propriété :

c'est l'axe fondamental sur lequel roule toute espèce de Gouvernement : je dirai donc aux Législateurs qui veulent être conséquens : Protégez les propriétés, si vous desirez créer des Citoyens ; et aux Époux qui se respectent eux-mêmes : Créez-vous des propriétés, si vous voulez être heureux.

La vie agreste, si favorable à la liberté conjugale, l'est aussi à l'établissement sacré de la propriété. Je voudrais que chacun des deux Époux eût le produit exclusif de la chèvre dont il prendrait soin, de l'espalier qu'il cultiverait, de l'arbre qu'il aurait planté. Ce produit, fruit du travail ou de l'industrie, ne serait point porté à la masse : l'Épouse sur-tout ne rendrait de compte, à cet égard, qu'à elle-même : une Femme vulgaire fait servir de pareilles épargnes à une frivole parure, une Fatime ou une Éponine, à des actes secrets de bienfaisance.

Ces espèces de propriétés patriarchales se concilieraient mal avec la vie tumultueuse et égoïste des grandes villes : cependant il existe une sorte de jouissances industrielles, qu'il serait bon d'abandonner exclusivement à la Femme Philosophe, qui voudrait exercer l'activité de son esprit. Quand elle joindra à sa suprématie sur les plaisirs, ce moyen de savoir qu'elle s'appartient encore à elle-même, elle sera loin, en l'employant, de compromettre sa dignité.

Jeunes Époux, l'enthousiasme de l'Amour vous dit de mettre tout en commun; mais la Philosophie de l'expérience, guide bien plus sûr, vous enjoint de multiplier, le plus qu'il vous sera possible, vos propriétés individuelles : on échappe par-là à l'ennui, poison lent des jouissances conjugales : on se ménage la satisfaction, toujours renaissante, d'aller au-devant des desirs de ce qu'on aime : quelquefois même, dans un de ces désastres de fortunes, que toute l'expérience humaine ne saurait ni prévoir, ni prévenir, on se prépare une planche commune contre le naufrage.

Parmi les propriétés de mon Éponine, je ne compte point celle que la Nature lui a donnée sur sa pensée ; une pareille propriété, quoi qu'en disent les Maris despotes de l'Orient, est inaliénable : l'Épouse a droit d'exposer ses opinions, d'en rendre le papier dépositaire, de les confier à l'amitié : violer le secret des lettres qu'elle écrit, ou même de celles qu'elle reçoit, c'est troubler l'ordre conjugal, c'est jetter, sans fruit, des nuages sur la vertu d'une Femme, qui n'est rien sans elle, et qui du moment qu'elle serait justement soupçonnée, doit cesser d'appartenir à un Homme de bien.

La propriété, ainsi que la liberté, ne seraient qu'un vain nom dans la petite République des familles, si chacun des Époux ne possédait pas une sorte de domaine exclusif, où il pût les exercer. Je desire donc qu'une Femme, après un an d'hymen, ait une pièce dans l'appartement commun, inaccessible à tout le monde, sans son aveu, et qui soit regardée comme le sanctuaire inviolable de son indépendance. Le chef de famille aura le même privilège ; il faut qu'en sortant de son cabinet, pour entrer dans le sallon, il puisse dire, comme sur la Scène Française,

Ici, je suis garçon : là, je suis marié.

Cette théorie, je le sais, ne se concilie

guères avec les idées vulgaires : mais il faut bien s'écarter des sentiers battus, quand on veut aller par la Philosophie au bonheur : le Code ordinaire du mariage réunit d'abord avec violence, pour séparer ensuite : le mien commence par séparer avec douceur, pour réunir à jamais.

Maintenant, Éponine, que j'ai assuré ton domaine sur les plaisirs, les propriétés, et sur tout, l'espèce de liberté qui convient à ta vertu, il faut que je descende un moment avec toi dans ton cœur, pour t'aider à couronner, avec ton caractère, ce que tu as commencé si heureusement, avec ta tendresse et avec ta raison.

Mais écartons un moment l'Être qui t'est le plus cher, le père de tes enfans : je vais parler de ta dépendance ; il ne faut pas qu'un Mari nous entende : le despotisme est si naturel à l'Homme, qu'on doit se garder de lui donner, par l'aveu d'un père, une arme de plus pour tyranniser un sexe qui n'a de force, pour se défendre, que dans l'art avec lequel il sait manier sa faiblesse.

Tu sais par cœur, ma tendre Éponine,

l'éloquent Instituteur d'Émile, dont la morale est si pure, et qu'il applique si bien, soit au gouvernement des familles, soit aux cultes révélés, soit aux législations : voici un texte qui sort de son cœur, et qui s'adresse au tien.

« O Sophie, en devenant votre Époux,
» Émile est devenu votre chef; c'est à vous
» d'obéir, ainsi l'a voulu la Nature. Quand
» la Femme ressemble à Sophie, il est pour-
» tant bon que l'Homme soit conduit par
» elle : c'est encore une loi de la Nature :
» et c'est pour vous rendre autant d'autorité
» sur son cœur, que son sexe lui en donne
» sur votre personne, que je vous ai fait
» l'arbitre de ses plaisirs....

» Pour régner sur lui, sachez régner sur
» vous.... Cet art difficile n'est pas au-
» dessus de votre courage.... C'est ainsi
» que vous pouvez le rappeller à la sagesse,
» quand il s'égare, le ramener par une
» douce persuasion, vous rendre aimable,
» pour vous rendre utile : employer la co-
» quetterie aux intérêts de la vertu, et l'a-
» mour au profit de la raison.

» Ne croyez pas, avec tout cela, que cet
» art même puisse vous servir toujours ;
» quelque précaution qu'on puisse prendre,
» la jouissance use les plaisirs, et l'amour
» avant tous les autres. Mais, quand l'amour
» a duré long-tems, une douce habitude en
» remplit le vuide, et l'attrait de la confiance
» succède aux transports de la passion. ...
» Devenez alors tellement sa moitié, qu'il
» ne puisse plus se passer de vous, et que,
» sitôt qu'il vous quitte, il se sente loin de
» lui même. Vous, qui fîtes si bien règner
» les charmes de la vie domestique dans la
» maison paternelle, faites-les règner aussi
» dans la vôtre. Tout Homme qui se plaît
» dans sa maison, aime sa Femme. Sou-
» venez-vous que si votre Époux vit heureux
» chez lui, vous serez une Femme heureuse.
» *Émile*, livre V. »

Pèse, mon Éponine, tous ces articles du symbôle du bonheur : il n'en est aucun qui n'ait l'assentiment de ta Philosophie : aucun qui, lors même qu'il attriste ton amour-propre, puisse alarmer ta vertu.

Le plus sévère de ces dogmes est sans

doute celui-ci : *C'est à toi d'obéir ; ainsi l'a voulu la Nature :* mais quelque dure que paraisse cette loi, en connais-tu une autre qui perpétue mieux qu'elle le premier des biens, l'harmonie, dans le sein des familles?

Un Gouvernement n'est rien sans l'unité du ressort qui le fait mouvoir : si on admet deux volontés qui se contredisent, la machine politique se brise ou ne marche pas.

Consultons ici, ma fille, tes propres lumières. Je suppose que, quand il s'agit de déterminations d'un ordre majeur, ton vœu soit diamétralement opposé à celui d'un Époux, qui jugera entre vous deux? Tu me répondras sans doute : *ni l'un, ni l'autre, mais l'ordre* : fort bien. Mais, cet ordre, vous le réclamerez tous deux, et le procès restera indécis : il faut bien qu'en dernière instance ce soit la force qui prononce : la force, qui a précédé l'ordre social, qui le protège après son avènement, et qui ensuite l'anéantit.

Ce mot de force doit répugner, je le sais, quand il est prononcé en présence de l'Amour luttant contre les Graces : mais quand il s'agit de bonheur, ce ne sont pas les mots qu'il faut peser, ce sont les choses. Il est évident que dans toute économie politique, quand l'harmonie ne peut être rétablie par la raison, il faut qu'elle le soit par la force; et que, malgré toutes les déclamations ingénieusement absurdes du Républicanisme, il est plus utile au corps politique de céder, même au pouvoir qui abuse, que d'être brisé par l'anarchie.

Au reste, il est un moyen de ne point compromettre mal-adroitement les deux empires dans le gouvernement du mariage, c'est que le sexe le plus faible aie le talent de faire oublier à l'autre qu'il est le sexe le plus fort : c'est que Dalila tienne, le plus qu'il lui sera possible, Samson endormi dans ses bras, pour se dérober à l'influence fatale de sa chevelure.

Dans l'origine de l'ordre social, le premier sceptre fut déféré à la force, et le second à l'adresse : le dernier est le seul qui rende un empire durable, parce qu'à la longue il rend l'autre inutile.

Femmes vertueuses, (car je n'écris point

pour les Êtres pervers), Femmes vertueuses, dis-je, soyez adroites, et le sceptre de la force est à vos pieds.

Le grand art est de cacher l'art ; car l'amour-propre, dans l'Homme, est antérieur même à l'Amour : il consent bien à être Esclave-Roi, mais non à le paraître. Périclès ne se doutait point qu'il se laissait gouverner par Aspasie, et qu'il lui livrait par-là le Gouvernement du Péloponèse.

Pendant quarante ans d'étude de la Nature, et sur-tout de la Nature humaine, je crois l'avoir surprise quelquefois dans le secret de ses opérations : or, j'ose affirmer, d'après la théorie du cœur des Femmes, qu'il n'en est aucune qui ne modifiât, à son gré, celui d'un Époux, si elle voulait employer à le conserver la moitié des graces qu'elle a mises à le conquérir ; l'Homme sensible, l'Homme honnête, qui se soumet au joug de l'hymen, semble une Statue dans l'atelier du Sculpteur : il est argile, si c'est une main souple et délicate qui le façonne ; il devient marbre, si on ne lui donne une physionomie qu'avec la pointe aigüe et meurtrière du ciseau.

On dirait que la Femme a été pétrie exprès par la Nature pour dominer son Maître ; elle apporte dans le commerce de la vie une sensibilité de détail qui en multiplie, à son gré, les charmes. L'Homme peut travailler au bonheur commun en masse ; mais le cœur expansif d'une Femme procure des jouissances de tous les instans ; or il faut être Philosophe pour voir tout le prix d'une grande théorie de félicité, et il ne faut qu'avoir une ame, pour goûter la félicité de superficie.

L'Épouse, une fois devenue ce qu'elle doit être, c'est-à-dire le fil invisible qui dirige son Chef, ou, si l'on veut, la Souveraine de fait, qui gouverne à l'ombre du Souverain de droit, il lui importe de ne descendre en aucun instant de son trône : car son sceptre, une fois perdu par sa faute, elle ne le recouvrera jamais.

Un sceptre que les Graces ont usurpé sur la force, ne se conserve qu'autant que la décence, les qualités domestiques, et la plus touchante intégrité de mœurs rendent cette usurpation légitime. Ici, je n'ai point l'audace d'instruire Éponine ; ce sont ses traits que je vais crayonner, pour offrir le modèle de la plus respectable des Épouses au Genre humain.

Le jour où ma fille donna sa main à un Sage, elle se dit à elle-même : Je n'achèterai jamais que par la considération personnelle mon ascendant sur l'esprit d'un Époux ; car l'instant où il cessera de m'estimer, il cessera de m'aimer, et nous cesserons d'être heureux.

L'Héroïne a tenu sa parole : son Époux, quand il ne se présente pas devant elle, l'œil étincelant de desirs, ne l'aborde qu'avec une sorte de respect religieux : elle est tour-à-tour son Amante et sa Divinité : il est tenté de tomber à ses genoux, quand l'Amour ne le jette pas dans ses bras.

Ce besoin d'estime, pour avoir quelque droit au bonheur, est également obligatoire pour les deux sexes. De-là la nécessité de respecter la propriété individuelle, de ne pas se permettre la plus légère atteinte à la franchise, de ne jamais violer la foi des engagemens. Cette obligation est bien plus stricte encore dans les petites sociétés domestiques, que dans la grande famille sociale; car on se cache dans la foule, on échappe, dans le tumulte du monde, au mépris public, si on ne se dérobe pas aux remords : mais deux Époux condamnés, par la routine conjugale, à se voir à chaque instant, à se servir mutuellement de juges et de censeurs, s'ils ne sont pas les plus vertueux des Êtres, en sont les plus infortunés; leur intérieur est l'antre du Cyclope, où l'on ne respire que dans l'élément de la guerre : où le plus faible trahit, et où le plus fort dévore.

Quoiqu'il n'y ait point de ménage heureux sans la vertu des deux chefs qui le constituent, on peut dire qu'elle est bien plus essentielle encore à l'Épouse qu'à l'Époux : celui-ci peut, avec des mœurs perverses, jouer un rôle brillant dans sa patrie : tels ont été Alcibiade, César et Catilina-Mirabeau. Mais une Femme, condamnée par l'ordre social à une vie sédentaire, qui, comme le dit Thucydide, n'a de droits à l'estime publique, que quand on n'en parle pas, du moment qu'elle cesse d'être honnête, n'est plus rien.

Ce

Ce principe sert, jusqu'à un certain point, d'apologie à un texte du bon Plutarque, qui révolte à une première lecture. « Si un » Homme, dit ce Philosophe, est assez peu » Maître de lui-même pour se laisser prendre » aux pièges d'une Courtisane, son Épouse » doit sagement dissimuler; elle doit penser » que c'est par respect pour elle, que son » Mari porte sur une autre son intempé- » rance. »

Un des types distinctifs de l'honnêteté d'une Femme, se trouve, à mon gré, dans l'usage qu'elle fait de cette envie innée de plaire, que la Philosophie caractérise, dans les ames viles, par le nom de coquetterie.

Les modes variés de plaire entrant dans la théorie du bonheur, il est tout simple qu'une Femme fasse concourir son talent avec la Nature, pour empêcher que l'ennui de l'uniformité n'endorme le plus sage des Époux dans le sein des jouissances conjugales : mais ce talent ne doit pas se déployer hors de l'enceinte des foyers domestiques : du moment qu'il faut à l'imagination un plus grand théâtre, il est démontré que la Femme perverse ne fait plus entrer, dans les élémens de sa félicité, celle de son Époux.

La coquetterie du véritable Amour consiste dans une simplicité piquante, qui n'attire que les regards de l'objet aimé : alors une Femme est belle de sa propre beauté : alors elle peut dire, comme une Héroïne Grecque : *Qu'ai-je besoin de parure ? Ne suis-je pas la femme de Phocion ?*

Pour la coquetterie, qui consiste à étouffer ses graces naturelles sous les entraves de la Mode, à s'exiler de sa famille pour aller dévorer majestueusement l'ennui des Cercles, à ruiner son Mari pour arracher quelques hommages hypocrites à ses adorateurs, il n'y a qu'un degré de démence, supérieur au crime de s'y livrer, c'est d'en faire l'éloge.

Il y aurait encore bien des petits sentiers à parcourir dans le labyrinthe du bonheur conjugal, si je voulais épuiser la matière : mais le livre où l'on dit tout, est celui qu'on lit le moins : j'ai indiqué les titres de l'ouvrage, c'est aux Héroïnes, qui ont le courage de prendre Éponine pour modèle, à remplir les chapitres.

Dignes enfans, charme toujours renaissant de ma vie, j'ai rempli votre attente : cette Philosophie du bonheur, si long-tems promise à votre tendresse, est enfin terminée : il m'en a coûté, sans doute, de vous dévoiler les égaremens de ma jeunesse, de vous conduire, avec moi, de naufrages en naufrages, jusqu'à ce qu'une tardive expérience m'ait conduit au port ; mais enfin, mon étoile m'a rarement trompé : j'ai été quelquefois heureux de mon propre bonheur, et depuis votre hymen, je le suis sans cesse du votre. Le dirai-je, cependant? Une épine est restée dans mon cœur, dans ce cœur usurpé un moment par la Thessalienne.... Ah ! si c'était l'épine du remords !... Je ne sais : mais cette lettre, remise mystérieusement à Fatime, le jour de mon hymen, et que je ne dois lire qu'après vingt ans, a toujours été pour moi la Boëte de Pandore, que ma Philosophie seule pouvait m'empêcher d'ouvrir. Cette vingtième année, cette année si fatale à mon repos, est sur le point d'expirer. Fatime, Eponine, et toi, son magnanime Époux, pressez-vous tous contre mon sein : sauvez-moi, par vos caresses touchantes, des effets terribles de ma lutte contre moi-même.... O fatal ascendant d'une première passion, que vingt ans de l'hymen le plus vertueux n'ont pu faire oublier, que l'hiver des ans semble réchauffer sous ses glaçons, qui rendrait la cendre d'un Amant sensible, jusques sous le marbre de sa tombe ! Tout me dit que cette lettre de l'enchanteresse, que je tremble et brûle à-la-fois d'ouvrir, renferme l'aveu de sa perfidie, devient le sceau entre nous d'une rupture éternelle : et j'ai la faiblesse, ayant été heureux par Fatime, de jetter encore de coupables remords en arrière; d'offenser, par des regrets adultères, le Ciel qui a béni son union ; et de faire dépendre la paix de sa maison, de la félicité de sa Rivale.

# DERNIER TRAIT DE LUMIÈRE.

## BONHEUR PHILOSOPHIQUE
### DE LA VERTU QUI SE SACRIFIE.

« Platon, quand tu liras cette lettre, dont
» Fatime, le jour de ton second hymen, a dû
» être dépositaire, tu auras été vingt ans
» heureux ; et moi, j'aurai vécu... et je
» commencerai à l'être.

» Non que me punissant d'un délit, dont
» ton seul remords t'accuse, je me sois re-
» fusée aux jouissances que le Ciel permet
» aux ames pures de goûter ; mais le calme
» que j'ai pu ressentir après ton abandon,
» semblait mentir à la Nature ; c'était ma
» Philosophie qui me commandait d'être
» heureuse, et presque jamais mon cœur
» n'était de moitié.

» Cependant, comme c'est de toi que je
» tiens cette Philosophie du bonheur, je te

» dois rendre compte de ses effets tutélaires.
» Elle a opéré un prodige dans les annales de
» l'Amour : elle m'a détachée de tout ce qui
» me fut cher, sans l'arracher de mon cœur :
» elle me l'a représenté dans les bras d'une
» autre, sans me le faire haïr, et même sans
» me faire travailler à l'oublier.

» Tu te rappelles, sans doute, ce jour ter-
» rible, où sortant de mes bras, ivre d'a-
» mour, tu me quittas pour répudier ma
» tendresse et ton cœur ; ce jour, un orage
» affreux avait attristé le Ciel de la Grèce :
» c'était un pressentiment sinistre que je
» devais écouter : il est donné aux âmes
» neuves de lire leur destinée dans le deuil
» de la Nature.

» Revenue d'un long évanouissement,
» causé par le poids de la chaleur, par la
» fatigue et par l'orage, j'attendais, avec
» l'inquiétude de l'amour, dans ton verger,
» que tu vinsses rendre à mon cœur une
» sérénité qui commençait à renaître dans
» le Ciel. L'Esclave, dont les soins touchans
» ne s'étaient point démentis, était debout
» à mes côtés, préludant de sa voix harmo-

» nieuse, pour trouver un chant heureux à
» ton hymne sur la Pudeur, déployé en ce
» moment sur mes genoux : tout-à-coup
» ma mère se présente, la terreur empreinte
» sur son front. Elle m'annonce, d'une voix
» étouffée, qu'elle vient de t'entrevoir dans
» l'ombre, agitant un poignard et blasphé-
» mant contre l'Amour : je m'élance à l'ins-
» tant vers le taillis indiqué ; j'en parcours
» les routes tortueuses ; je te suis, la mort
» dans le sein, jusqu'au Penée : vaine attente
» de mon ame déchirée ! je ne devais plus te
» revoir. Le soir du jour le plus beau de ma
» vie, était destiné pour moi à amener, non
» les ombres de la nuit, mais celles de la
» mort. Au reste, pourquoi aurais-je accusé
» mon destin? N'avais-je pas, dans ce jour
» mémorable, épuisé la coupe de la volupté?
» Passer une heure dans tes bras, n'était-
» ce pas vivre une éternité ?

» De retour dans le Temple de la Nature,
» qui de ce moment ne me parut que le
» vestibule sombre et silencieux de la tombe,
» je me mis à interroger mon cœur, ou
» plutôt à le dévorer. Il était pur, ce cœur

» sensible, qui méritait un meilleur sort :
» jamais il ne s'était permis un seul senti-
» ment qui ne fût pour toi : telle était mon
» idolâtrie, que je semblais en aimer moins
» l'Ordonnateur des Mondes ; toute entière à
» Platon, je m'étonnais d'exister à peine
» pour le Père de la Nature.

» Depuis que l'Amour heureux avait con-
» fondu nos deux existences, un seul Homme
» étranger s'était présenté à mes regards ;
» c'était l'Esclave : mais, d'après l'explica-
» tion touchante que nous eûmes sur sa per-
» sonne, à l'époque du jeu anacréontique de
» la Grappe de raisin, j'aurais pensé t'ou-
» trager, si je t'avais cru jaloux : d'ailleurs,
» ce jour-là même, à la naissance de l'orage,
» il m'avait fait un aveu, bien fait pour
» anéantir jusqu'à l'ombre du plus léger
» délit contre toi. L'infortuné, de race Es-
» pagnole, aimait éperduement une Beauté
» de sa Nation, dont il était aimé de même :
» j'ai lu, écrit avec leur sang, le contrat
» que leurs cœurs avaient dressé : tu m'as dit
» tant de fois qu'un acte pareil, entre des
» Êtres délicats, valait bien celui qu'on

» dresse aux Autels ; j'ai pu, sur ta parole,
» croire à la délicatesse de l'Esclave.

» J'estimais trop le Héros qui m'avait
» sauvé la vie au Pénée, pour avoir besoin
» d'un pareil aveu : cependant, sa confidence
» délivra mon ame d'un fardeau qui l'op-
» pressait depuis long-tems. Convaincue
» qu'il n'y avait désormais plus de danger,
» pour nos feux, à paraître moi-même, je
» vis, avec une sensibilité plus expansive,
» les soins de l'Esclave ; je lui permis de
» me transporter, dans ses bras, au tra-
» vers du torrent débordé, qui couvrait
» la grande route ; ma reconnaissance, aux
» yeux des Êtres vulgaires, pouvait res-
» sembler à l'Amour : mais elle n'en dési-
» gnait réellement que l'éternelle absence,
» devant des Sages tels que toi.

» Je ne pouvais être vaincue en amour ;
» l'Esclave me vainquit en grandeur d'ame :
» il réfléchit que l'Amante de Platon ne de-
» vait pas même être soupçonnée, et dès le
» soir il partit pour Constantinople. Ma
» mère, de son côté, était allée à Athènes,
» interroger toute ta maison sur l'objet de

» ta fuite : ainsi je restai seule, avec une
» Nature muette, mon cœur flétri, et mes
» sens en effervescence.

» Une semaine, un mois, un an s'écou-
» lèrent, sans pouvoir découvrir la trace de
» tes pas : je te demandais à l'enceinte de
» Rosiers, qui avait vu éclorre nos feux, aux
» ombrages mystérieux du verger sous les-
» quels ils se rallumaient, à la grotte en-
» chanteresse qui les couronna ; vains tour-
» mens de ma sensibilité ! Tout était sourd au
» ciel et sur la terre, tout gardait autour de
» moi le silence de la mort.

» J'interprétai ce silence comme mon
» arrêt: cependant, je n'attentai point sur mes
» jours: ta Philosophie qui, dans ton ab-
» sence, me suivait par-tout, m'apprenait
» que la mort doit se raisonner comme l'em-
» ploi de la vie; et que si quelque délit d'a-
» mour a besoin d'être expié, c'est l'oppres-
» seur qui doit être puni, et non pas la
» victime.

» Mais, persuadée que le poison lent de
» la douleur suffisait pour consumer ma pé-
» nible existence, je ne m'occupai plus qu'à

» dégrader autour de moi les monumens
» infidèles de mon ancienne félicité, et à
» placer mon tombeau sur les décombres
» dispersés de ton Temple de la Nature.

» Jusqu'alors mon désespoir avait été
» sombre et concentré ; c'était un incendie,
» dont l'explosion aurait été d'autant plus
» violente, que rien ne le manifestait au
» dehors ; mais mon cercueil une fois achevé,
» une fois maîtresse d'en mesurer, de mon
» corps, les lugubres proportions, je re-
» trouvai mes larmes : alors mon ame s'ou-
» vrit à des émotions plus douces : je conçus
» le projet délicat de ne plus t'aimer que
» pour toi-même, et, ne pouvant être heu-
» reuse de mon propre bonheur, de l'être
» du tien.

» Je connaissais la fille de Soliman par sa
» vertueuse renommée ; elle avait été élevée
» dans tes bras ; c'était la bienfaitrice de ma
» mère ; et personne, sur le Globe, ne me
» paraissait plus digne qu'elle de me suc-
» céder dans ton cœur : j'imaginai de la con-
» duire, ainsi que toi, par un fil invisible, à
» l'Autel ; et ce plan a dû s'exécuter, si,

» comme mon pressentiment m'en assure,
» tu as lu la lettre que j'ai déposée, pour toi,
» au fond de mon Sarcophage. Ces apprêts
» terminés, il s'agissait de mettre un Monde
» entre ton cœur et le mien : un vaisseau
» Anglais allait mettre à la voile : j'en profitai
» pour me réfugier dans la patrie des Incas,
» au pied de ces roches colossales des Cor-
» dillières, qui servaient de muraille à l'anti-
» que Empire du Soleil.

» En changeant de Ciel, je ne changeai
» point de principes : ma Philosophie était
» supérieure aux élémens : tu me l'avais
» donnée pour être heureuse par l'Amour,
» et je m'en servis, en ton absence, pour être
» heureuse contre lui.

» Je commençai à m'agguerrir contre l'en-
» nemi éternel de ma raison, en m'entou-
» rant de tous les monumens de mes an-
» ciennes jouissances. J'avais acquis, dans
» un des sites les plus pittoresques des Cor-
» dillières, un terrein immense, bordé, d'un
» côté, par un fleuve, et de l'autre, par une
» forêt de Cocotiers ; j'y fis dessiner, en
» grand, ta maison de plaisance de la Thes-

» salie : le fleuve fut le Penée : l'extrémité
» de la forêt se convertit en verger, la
» partie intermédiaire devint le Temple de
» la Nature.

» Aucune des scènes d'Amour, qui avait
» souri à mon imagination, ne fut oubliée
» dans cette espèce de jardin d'Armide : je
» plantai de ma main l'enceinte de Rosiers,
» où tu avais jetté ton cœur au-devant du
» mien : je fis serpenter, autour d'un Syco-
» more, le Cep de vigne qui te rendit un
» moment le Rival de Théocrite : j'allai
» cueillir, aux bords de la mer, les coquil-
» lages qui devaient décorer ma grotte de
» Didon. Tu respirais par-tout autour de
» moi, mais sans danger pour ma sensibi-
» lité : séparés par un aussi prodigieux in-
» tervalle de mers, il n'y avait que ma
» pensée qui pût t'atteindre. Le Platon qui
» m'aima, embellissait ma demeure ; le
» Platon qu'on força à m'abandonner, res-
» tait exilé au Péloponèse.

» Ce premier triomphe sur moi-même, en
» amena un autre, d'un ordre nouveau : je
» te supposai uni à l'Autel avec la fille de

» Séliman, et uni par mes bienfaits : alors,
» pour sonder avec plus de sûreté la blessure
» profonde de mon cœur, je m'occupai à
» faire, pour ainsi dire, l'apothéose de ma
» Rivale : je la dessinai, sur une poutre em-
» brasée, exposant sa vie pour sauver le fils
» d'un Esclave ; je couronnai de fleurs son
» médaillon posé sur l'Autel de Vénus ; j'in-
» troduisis sa statue jusques dans la grotte
» de Didon : ces expériences ne s'exécutaient
» pas toujours avec le calme que je mettais
» à les imaginer : je me surpris plus d'une
» fois versant des larmes de dépit : mais
» bientôt les larmes généreuses de l'enthou-
» siasme prenaient leur place, et je me con-
» solais d'être infortunée par l'Amour, en
» forçant l'Être que je devais haïr le plus,
» à être heureux par ma vertu.

» Une dernière épreuve détermina ma
» guérison. Je n'avais point oublié, dans mes
» souvenirs philosophiques, l'Esclave qui
» m'avait sauvé la vie au Pénée. La roche
» d'où il s'était précipité dans le fleuve, pour
» venir à mon secours ; le lit de roseaux, où
» il m'avait couverte d'un voile, après mon

» naufrage ; le tertre du verger, d'où, dé-
» guisé en Amour, il m'avait décoché un
» trait, pour figurer le bonheur dont j'allais
» jouir avec toi, tout fut empreint des vers
» de sentiment, qui consacraient ma recon-
» naissance ; et je me livrai, avec d'autant
» plus de sécurité, à cet épanchement, qu'il
» m'était impossible de me faire illusion à
» moi-même, de calomnier l'idolâtrie que
» j'avais pour toi, en la confondant avec cet
» instinct sacré de la Nature, qui fait palpiter
» tout ce qui a une ame pure, au souvenir des
» bienfaits.

» Mon vallon de Tempé, ainsi créé, à tant
» de milliers de lieues de son modèle, je me
» reposai un moment sur ma Philosophie,
» comme l'Hercule Farnèse sur sa massue,
» et j'osai raisonner mes jouissances.

» Je me disais, en visitant le médaillon de
» Fatime, posé sur l'Autel de Vénus : Je la
» mets dans les bras de l'Être qui m'aurait
» tenu lieu de l'Univers, de l'Être qui
» n'est pas encore arraché de mon cœur :
» il y a quelque orgueil à faire cet aveu en
» présence de sa Rivale... Au reste, qu'elle

» aime autant que moi, et elle a payé mes
» bienfaits.

» Si j'entrais dans la grotte de Didon,
» une voix, arrachée du fond de mes en-
» trailles, me criait : Là, tu fus heureuse.
» Mais, un moment après, quand je con-
» templais l'image de la fille de Soliman,
» occupant ma place sur le lit de roses,
» j'ajoutais, avec une sorte d'émotion, qui
» n'avait rien de pénible : J'ai fait, par
» amour, ce que le Ciel oserait à peine at-
» tendre de la Vertu : j'ai survécu à mon
» abandon : l'infidélité de mon Amant est
» devenue presque légitime par ma délica-
» tesse : il est heureux, sans moi, et par
» moi... Avec de tels principes, on peut
» aspirer encore à des jouissances, quand
» on aime, et qu'on cesse d'être aimée.

» L'aspect des monumens érigés à la vertu
» de l'Esclave ajoutait à la paix intérieure
» que je devais à ma raison : seulement un
» regret venait affaiblir ce plaisir de senti-
» ment; je me reprochais de n'avoir payé,
» en Europe, d'aucun retour, l'Être géné-
» reux, qui, sans me connaître, m'avait
» sauvé

» sauvé l'honneur et la vie ; Platon, Fatime
» devaient tout à ma grandeur d'ame, et je
» restais écrasée par celle de l'Esclave.

» Un jour que je me promenais sur le bord
» de la mer, tourmentée par cette dernière
» pensée, j'apperçois, à peu de distance de
» moi, les débris d'un naufrage, et, bientôt
» après, un infortuné, couvert d'écume et
» de sang, que la vague en fureur jetait,
» à demi mort, sur le rivage : je m'approche,
» je lave les blessures de l'inconnu, je l'i-
» nonde d'eaux spiritueuses ; et, quand ses
» yeux s'ouvrent, je reconnais l'Esclave. —
» Le Ciel est juste, m'écriai-je ! il me restait
» quelque bien à exécuter sur la terre, et j'ai
» bien fait de désobéir à l'Amour, qui me
» condamnait à mourir.

» Les confidences de l'infortuné furent
» aussi calmes que s'il les avait faites à sa
» sœur. A peine était-il devenu libre, qu'il
» avait volé en Espagne, pour demander la
» main de son Amante : celle-ci, qui n'espé-
» rait plus le revoir, avait, dans l'intervalle,
» obéi à son père, au lieu d'obéir à son cœur,
» et s'était prostituée à un autre Époux.

» Quand une ame neuve aime pour la pre-
» mière fois, elle ne cesse d'aimer qu'en
» cessant d'être. Le jeune Homme, dont une
» fièvre lente minait peu-à peu les principes
» de la vie, fut emmené, par sa famille, au
» Pérou, où ses ancêtres possédaient un fief
» dès le tems de la conquête ; mais, à la vue
» même du port, le vaisseau mal gouverné
» alla se briser contre des rochers à fleur
» d'eau, et fit naufrage.

» Le tems, l'exemple de ma vie, sur-tout
» l'aspect des monumens que ma Philo-
» sophie avait érigés, pour me créer une
» sérénité indépendante des orages de l'A-
» mour, mirent quelque baume sur ses bles-
» sures : je lui fis répéter les strophes sur
» le plaisir, qui avait amené mon naufrage
» au Pénée ; et le souvenir de sa vertu lui
» fit oublier le crime de l'Espagnole : je
» chantai, avec lui, ton hymne sur la
» pudeur, et il ne desira plus de mourir.

» Quelques mois s'étaient à peine écoulés,
» que le jeune Sage vint me dire, avec une
» sérénité dont je ne le croyais pas capable,
» qu'il avait secoué le joug d'une passion

» malheureuse ; que l'infidélité d'une Femme
» n'était point une excuse pour rompre avec
» la Nature, et que quand on vivait sans
» remords, on pouvait vivre sans amour.

» L'année expirée, il m'emmena vers l'anse
» du fleuve qui lui rappellait son triomphe
» sur moi, lors de mon naufrage au Penée ;
» et, après m'avoir donné un de ces baisers
» purs que la Philosophie avoue, et où les
» sens ne sont pour rien, il me tint ce lan-
» gage :

» *Notre raison, ma sœur, nous met à*
» *couvert désormais de ce délire des sens*
» *qui a fait nos longs malheurs : c'est notre*
» *sensibilité qui nous arme contre ses accès,*
» *et notre vertu même qui nous défend*
» *d'aimer.*

» *Mais, adossés, comme nous le som-*
» *mes, aux limites d'un autre Monde ; ne*
» *communiquant pas même par la langue*
» *avec les Sauvages, qui nous font vivre ;*
» *ne voyant autour de nous qu'une Religion*
» *intolérante, qui nous console, et un gou-*
» *vernement de fer, qui nous protège, il*
» *nous importe de ne pas songer, chacun*

» à part, à nous suffire à nous-mêmes :
» nous sommes deux roseaux courbés vers
» la terre, qui avons besoin de nous unir
» pour ne pas céder à la tempête.

» Il ne m'appartient point de lire, malgré
» elle, dans le cœur de l'Héroïne qui m'a
» sauvé la vie ; mais qu'elle prononce, en
» dernier ressort, sur notre commune des-
» tinée : c'est d'elle seule que je veux tenir
» le titre qui m'enchaîne : le nom de frère
» que je dois à son cœur, et non à la
» Nature, ne me donne pas assez de puis-
» sance pour travailler avec énergie à son
» bonheur ; je lui préférerais peut-être celui
» qui charma quelques-uns de mes mo-
» mens, au Péloponèse, le titre de son
» Esclave.

» Ma réponse était dans mon cœur, avant
» qu'elle pût sortir de ma bouche ; mais il
» eut été dangereux, pour notre repos, de
» la donner avant qu'il nous vint des nou-
» velles d'Europe, et je me contentai de la
» laisser entrevoir.

» Platon, si ton second hymen se con-
» clud avec Fatime, ma mère traversera les

» mers qui nous séparent, pour me l'an-
» noncer. Alors le Ciel me rendra mon
» indépendance, et ma philosophie en fera
» usage.

» Je ne suis point l'Amante de mon jeune
» libérateur : il n'existe, sur le Globe, au-
» cun Être fait pour inspirer des désirs à
» celle qui t'a aimé ; mais il fut long-tems
» mon Génie tutélaire : je lui dois, en re-
» tour de ses bienfaits, non ce sentiment
» vulgaire qui entraîne un Sexe vers l'autre,
» mais cette espèce de Culte religieux, dont
» on honore une Intelligence supérieure à
» soi ; il ne continuera donc pas à être mon
» frère, puisque sa délicatesse s'y refuse ;
» il ne deviendra pas mon esclave, parce
» que ce serait nous avilir tous deux ; mais
» il sera mon époux.

» Mon époux !.... Oui, Platon, j'ai pro-
» noncé ce mot, sans frissonner : je l'ai
» écrit, sans le baigner de mes larmes. Juge
» de la puissance de ta Philosophie sur mes
» sens, de la durée de mes combats avec
» moi-même, et de la grandeur de ma
» victoire.

» J'ignore, si cet hymen philosophique
» s'exécutera jamais : le fil de notre desti-
» née est tout entier dans ta main : peut-
» être, entrerai-je dans la tombe, avant
» de savoir que tu es uni à la fille de Soli-
» man, que tu as connu la félicité, en
» mentant à ton cœur, et que je m'en suis
» créée une, à mon tour, en maîtrisant le
» mien.

» Cependant, un pressentiment consola-
» teur tient mon courage en haleine : il me
» dit que je reverrai ma mère ; qu'après
» avoir serré, à l'Autel, tes nœuds avec
» Fatime, elle viendra serrer les miens avec
» mon libérateur. Ce pressentiment, qui
» aurait flétri mon ame, lorsque j'habitais
» avec toi, au Péloponèse, fait le charme
» de ma vie, aujourd'hui que ma raison m'a
» exilée dans l'Empire du Soleil.

» Vingt ans, Platon, se seront écoulés,
» quand tu apprendras ce que j'ai fait pour
» vivre en paix avec moi-même, sans te
» bannir de ma mémoire. Alors, si je res-
» pire encore, tu pourras venir, sans dan-
» ger, te réunir avec une Amante pure et

» vertueuse, qui a acheté bien cher le droit
» de n'être désormais que ta sœur ; alors,
» ne composant plus qu'une seule famille,
» sages, malgré nos cœurs, et heureux,
» malgré l'Amour, nous résoudrons, autant
» qu'il est en nous, le problème si vaine-
» ment discuté, jusqu'ici, de la *Philosophie*
» *du Bonheur* ».

*Fin de l'Ouvrage.*

# TABLE DES CHAPITRES.

| | |
|---|---:|
| Introduction. | Pag. 1. |
| Seconde Porte ouverte au Bonheur. — L'Entendement. | 2. |
| Troisième Porte. — La Vertu. | 35. |
| Influence des passions sur le Bonheur. | 38. |
| Dangers de la Vertu. | 57. |
| Si le crime rend heureux. | 65. |
| De l'Homme vertueux aux prises avec l'adversité. | 71. |
| D'un Hymen heureux par la Vertu. | 84. |
| Songe de Marc-Aurèle. | 97. |
| Apophtegmes sur le Bonheur. | 110. |
| Apprêts sinistres d'un Hymen heureux. | 131. |
| Combats de l'Amour vertueux, et sa victoire. | 145. |
| Dénouement. | 165. |
| Code du Bonheur pour le Mariage. | 175. |
| Dernier trait de lumière. | 226. |

Fin de la Table du Tome II.

www.ingramcontent.com/pod-product-compliance
Lightning Source LLC
Chambersburg PA
CBHW070649170426
43200CB00010B/2169